无处不在的科学丛书

成语中的科学

Wuchubuzai de
Kexue Congshu

CHENGYU ZHONG

DE KEXUE

（最新版）

本丛书编委会◎编

吕 宁　王 玮◎编著

科学早已渗入我们的日常生活，并无时无刻
不在影响和改变着我们的生活。无论是仰望星空、
俯视大地，还是近观我们周遭咫尺器物，处处都可
以发现科学原理蕴于其中。

广州·北京·上海·西安

世界图书出版公司

图书在版编目（CIP）数据

成语中的科学/《无处不在的科学丛书》编委会编．
广州：广东世界图书出版公司，2009.11（2024.2 重印）
（无处不在的科学丛书）
ISBN 978 - 7 - 5100 - 1278 - 5

Ⅰ．成… Ⅱ．无… Ⅲ．汉语 - 成语 - 通俗读物 Ⅳ．
H136.3 - 49 N49

中国版本图书馆 CIP 数据核字（2009）第 191733 号

书　　　名	成语中的科学	
	CHENGYUZHONG DE KEXUE	
编　　　者	《无处不在的科学丛书》编委会	
责任编辑	柯绵丽	
装帧设计	三棵树设计工作组	
出版发行	世界图书出版有限公司　世界图书出版广东有限公司	
地　　　址	广州市海珠区新港西路大江冲 25 号	
邮　　　编	510300	
电　　　话	020-84452179	
网　　　址	http://www.gdst.com.cn	
邮　　　箱	wpc_gdst@163.com	
经　　　销	新华书店	
印　　　刷	唐山富达印务有限公司	
开　　　本	787mm×1092mm　1/16	
印　　　张	13	
字　　　数	160 千字	
版　　　次	2009 年 11 月第 1 版　2024 年 2 月第 7 次印刷	
国际书号	ISBN　978-7-5100-1278-5	
定　　　价	49.80 元	

"光辉书房新知文库"

总策划/总主编:石　恢

副总主编:王利群　方　圆

本书作者

吕　宁　清华大学建筑学院研究生

序：生活处处有科学

提起"科学"，不少人可能会认为它是科学家的专利，普通人只能"可望而不可及"。其实。科学并不高深莫测，科学早已渗入到我们的日常生活，并无时无刻不在影响和改变着我们的生活。无论是仰望星空、俯视脚下的大地，还是近观我们周遭咫尺器物，都处处可以发现有科学之原理蕴于其中。即使是一些司空见惯的现象，其中也往往蕴含深奥的科学知识。

科学史上的许多大发明大发现，也都是从微不足道的小现象中深发而来：牛顿从苹果落地撩起万有引力的神秘面纱；魏格纳从墙上地图揭示海陆分布的形成；阿基米德从洗澡时溢水现象中获得了研究浮力与密度问题的启发；瓦特从烧开水的水壶冒出的白雾中获得了改进蒸汽机性能的想象；而大名鼎鼎的科学家伽利略从观察吊灯的晃动，从而发现了钟摆的等时性……

所以说，科学就在你我身边。一位哲人曾说："我们身边并不是缺少创新的事物，而是缺少发现可创新的眼睛"。只要我们具备了一双"慧眼"，就会发现在我们的生活中科学真是无处不在。

然而，在课堂上，在书本上，科学不时被一大堆公式和符号所掩盖，难免让人觉得枯燥和乏味，科学的光芒被掩盖，有趣的科学失去了它应有的魅力。

常言道，兴趣是最好的老师，只有培养起同学们从小的科学兴趣，才能激发他们探索未知科学世界的热忱和勇气。拨开科学光芒下的迷雾，让同学们了解身边的科学，爱上科学，我们特为此精心编写了这套"无处不在的科学"丛书。

该丛书共包括 11 个分册，它们分别是：《生活中的科学》《游戏中的科学》《成语中的科学》《故事中的科学》《魔术中的原理》《无处不在的数学》《无处不在的物理》《无处不在的化学》《不可不知的科学名著》《不可不知的科普名著》《不可不知的科幻名著》等。

在编写时，我们尽量从生活中的现象出发，通过科学的阐述，又回归于日常生活。从白炽灯、自行车、电话这些平常的事情写起，从身边非常熟悉的东西展开视角，让同学们充分认识：生活处处皆学问，现代生活处处有科技。

今天，人类已经进入了新的知识经济时代，青少年朋友是 21 世纪的栋梁，是国家的未来，民族的希望，学好科学是时代赋予他们的神圣使命。我们希望这套丛书能够激发同学们学习科学的兴趣，打消他们对科学隔阂疏离的态度，树立起正确的科学观，为学好科学，用好科学打下坚实的基础！

本丛书编委会

目　录

目 录

引　言

　　成语是文字世界中的精彩化石。这些由语言中固定语汇而形成的词组或短句，语言洗练而意蕴丰富。由古流传至今，四字的方块凝固的是中国古代久远的过去，默默诉说着往昔。

　　每一个成语都是时光的沉淀，有着不一样的出处："狐假虎威"出于《战国策·楚策》，"鹬蚌相争"出于《战国策·燕策》，"刻舟求剑"出于《吕氏春秋·察今》，"自相矛盾"出于《韩非子·难势》，这些是古代的寓言；"完璧归赵"出于《史记·廉颇蔺相如列传》，"破釜沉舟"出于《史记·项羽本纪》，"草木皆兵"出于《晋书·苻坚载记》，"一箭双雕"出于《北史·长孙晟传》，这些是历史里的故事。至于截取古书的文句用为四字成语的更为普遍。"有条不紊"取自《尚书·盘庚》"若纲在纲，有条而不紊"，"举一反三"取自《论语·述而》"举一隅，不以三隅反，则不复也"，"分庭抗礼"取自《庄子·渔父》"万乘之主，千乘之君，未尝不分庭抗礼"，"胸有成竹"取自宋代苏轼《文与可画筼筜谷偃竹记》"画竹必先得成竹于胸中"。诸如此类，不胜枚举。还有一类直接采用古人文章成句："忧心忡忡"出自《诗经·召南·草虫》，"外强中干"出自《左传·僖公十五年》，"以逸待劳"出自《孙子·军争》，"水落石出"出自苏轼《后赤壁赋》，"萍水相逢"出自唐代王勃《滕王阁序》。这些文字背后的故事，累积了生命的印迹，散发着微微温暖的诗意。

经历了时光的文字是有生命的。后人靠近它、阅读它、试图了解它，正是被它独特的生命力所吸引和感染——那么，这样的生命折射出的是什么呢？当我们扯开尘埃遮蔽、透视文字的另一面时，它想告诉我们的又是什么？

就如同一件精美的出土器物，它所承载的信息不会单一。对于成语来说，典故与寓意只是生命里的一个章节，翻开并阅读其他为人所忽略的章节——科学内涵，正是本书的主要目的。

无论"七月流火"中的天文观测、"赤县神州"的世界地理、"海市蜃楼"的光学知识，还是"水滴石穿"的化学反应、"钩心斗角"的建筑构造、"以毒攻毒"的中医疗法……都包含了丰富的科技知识与古代发明。剖析它们，就会轻而易举地发现古人的智慧闪光。

成语中的天文学

⭐ 动如参商：中国古代所认识的星空

也许有不少同学痴迷过金庸的小说，那你一定记得《倚天屠龙记》中小昭离去的那一幕：

▲ 小昭

"……两人之间的海面越拉越广，终于小昭的座舰成为一个黑点，终于海上一片漆黑，长风掠帆，犹带呜咽之声。"

小昭这样温婉善良的女子，终是与她中意的公子分离，"此后相隔万里，会见无日"。这赚取了无数人的扼腕叹息的一回，回名就叫"东西永隔如参商"，语出成语"动如参商"。

动如参商，参、商：星名。中国古代人观星，在先秦史料中记载的星宿数约为 38 个。司马迁著的《史记·天官书》中所记星宿数为 91 个，包括的恒星约 500 余颗。东汉初年成书的《汉书·天文志》则记载："经星常宿中外官凡一百一十八名，积数七百八十三星。"到三国时代，吴国的太史令陈卓，综合石氏、甘氏、巫咸三家星官，并同存异，编制出一个283官1464颗恒星的星表。在这众多的星官中，最重要的是三垣、二十八宿。

▲ 浩瀚的星空

三垣是紫微垣、太微垣、天市垣。三垣的各区域都有东西两藩的星，围成墙垣的形式，所以叫做三垣。

二十八宿又名二十八舍。最初是古人为比较日、月、五星的运动而选择二十八个星区，把南中天的恒星分为四组二十八群，称为四象、四兽、四维、四方神，每组各有七个星宿。二十八宿的名称，按照日、月视运动的方向，自西向东的排列顺序是：

东方七宿：角、亢、氐、房、心、尾、箕；

北方七宿：斗、牛、女、虚、危、室、壁；

西方七宿：奎、娄、胃、昴、毕、觜、参；

南方七宿：井、鬼、柳、星、张、翼、轸。

我国古代就是根据每宿星象的出没和中天的时刻判断季节的。随着天文学的发展，二十八宿的作用也随之扩大。在现代天文学形成之前，它不仅在编制历法，划分二十四节气等方面发挥了重要作用，而且是归算日、月、五大行星（即金、木、水、火、土）乃至满天星斗位置的标准。可以说，二十八宿是我国古代天文学家的一项重大创造。著名科学史家李约瑟曾评价说："现在无疑已经证实，中国古代的天文学虽然在逻辑性和实用性方面决不逊于埃及、希腊以及较晚的欧洲天文学，然而它却是以大不相同的思想体系为基础的。"

在这二十八星宿中，商是东方青龙七宿中的心宿，《左传·昭公元年》："迁阏伯于商丘，主辰，商人是因，故辰为商星。"商，有星三，在现代天文学中，即天蝎座 σ、α、τ，又名三星。《诗经·唐风·绸缪》曰："三星在天。"《朱·传》："三星，心也，在天昏始见于东方，建辰之月也。"而参则是西方白虎七宿之一。有星七，均属双子座。《礼记·月令》："孟春之月，日在营室，昏参中，旦昏中。"《尚书旋玑

▲ 中国古代二十八星宿示意图

钤》："参为大辰，主斩刈。"《史记·天官书》："参为白虎。"《广雅》："紫宫参伐谓之大辰，参谓之实沈。"按实沈为高辛氏之次子，与其兄阏伯不相能融，被迁于大夏，主参。《观象玩占》："参七星伐三星曰参伐。"

地球每日自传，这二星便此出彼没：参星出西方，而商星出东方，从不同时在天空中出现。古人虽然不甚明了日月星辰升落的根本原因是地球自转，却也通过日复一日的观察发现了参商二星的运行规律。一个东升西落，一个西升东落。唐代诗人杜甫便作《赠卫八处士》：

人生不相见，动如参与商。今夕复何夕，共此灯烛光。少壮能几时，鬓发各已苍。

访旧半为鬼，惊呼热中肠。焉知二十载，重上君子堂。昔别君未婚，儿女忽成行。

怡然敬父执，问我来何方？问答乃未已，儿女罗酒浆。夜雨剪春韭，新炊间黄粱。

主称会面难，一举累十觞。十觞亦不醉，感子故意长。明日隔山岳，世事两茫茫。

由此有了"动如参商"一词，比喻人分离后难以再会面，如同永不相见的参商二星一样。

佛曰："人生有八苦：生、老、病、死、怨憎会、爱别离、五阴盛、求不得。"我们的祖先何其聪明，通过观察星象发现参商二星的规律；他们又何其浪漫，明明是两组相隔千万光年毫不相干的星宿，硬是让它们体会了这样难以言说的苦楚——不论有着多么深刻的爱或者痛——今生今世，相见无期。

动如参商，其实不单单是朴素的天文学常识。

⭐ 七月流火：节气与天蝎座星宿二

望文生义在很多时候是一种不负责任的推测，比如"七月流火"，若你想当然地认为这是形容七月天气炎热有如火烧，那就大错特错了。要正确理解这个成语，还得从头慢慢说起。

"七月流火"（"火"又名大火、心星，古音 huǐ），语出《诗·幽风·七月》，这首诗开章便道："七月流火，九月授衣。"所谓"流火"，《辞海》中这样释义："火，星名，即心宿。每年夏历五月间黄昏时心宿在中天，六月以后，就渐渐偏西。时暑热开始减退。"另孔颖达疏："于七月之中有西流者，是火之星也，知是将寒之渐。"由此可见，"七月流火"虽与节气、气候有关，但绝不是形容暑热之词。余冠英《诗经选译》对此说得更为简洁明了："秋季黄昏后大火星向西而下，就叫做'流火'。""七月流火"意谓夏历七月的黄昏时分，火星就已偏西沉下去了，显示出暑寒交替时节开始出现了。所以下承"九月授衣"，表明到九月就要准备寒衣了。

我们在"动如参商"一篇中已经提到过，中国古代把南中天的恒星分为四组二十八群，称为四象、四兽、四维、四方神，每组各有七个星宿。其中商是东方青龙七宿中的心宿，而心宿二就是这颗大火星。《礼记·月令》中曰："季夏之月，昏，火中。"在现代天文学中，大火星属于天蝎座，西名 Antares，一等星色赤，意思是对抗火星。心宿二是一颗红超巨星，它的表面温度要比我们的太阳低很多。

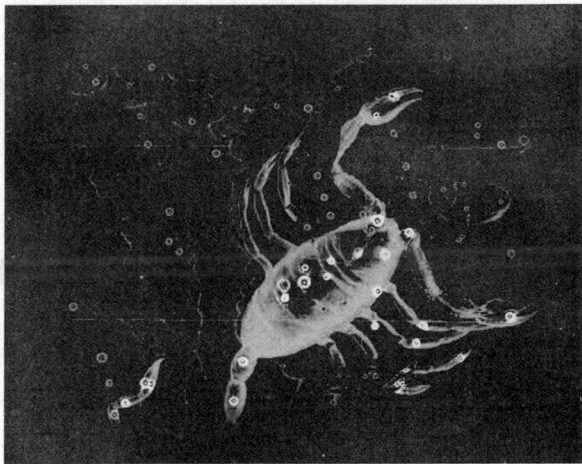

▲ 天蝎座

每年夏历的五月黄昏，心宿二都会位于正南方，位置最高。而到了夏历的七月黄昏，它的位置由中天逐渐西降，"知暑渐退而秋将至"。因此人们把这种现象称作"七月流火"。

大火星曾是古代最早观测的几颗明亮的星宿之一。通过专门细致的观测，古人得以较好地确定季节，制订历法。

在大约5000多年前，古人就认识到了农时对于农业发展的重要性。而仅仅简单地分辨出北斗七星的斗柄方向已经不能满足日渐精细的要求。因此，新的方法应运而生——借观测几颗明亮的星在傍晚或黎明时分出没和居南中（过子午线）的日子，来确定季节并制定比较准确的历法。其中，星宿二——大火星就是最早雀屏中选的亮星之一。

传说早在颛顼帝时就设立了一个专门的职位——火正，来负责对大火星进行观测。先秦典籍《左传》中明确记载"火纪时焉"，并说火正又称祝融，是一个常设的专职官员。

每年到了日夜等长（春分、秋分）的那天，当太阳在西方沉落，天色刚开始昏暗时，明亮的大火星就正好从东方的地平线上升起。古人日出而作，日落而息，日复一日，年复一年。通过长期的观察和实践，他们注意到每年寒尽春回的黄昏时分，东方地平线上总会出现大火星的身影；春季，五谷始生，而秋天，五谷尽熟。因此，当春季大火星出现的时节，就是一年中农事最繁忙的春分时节。

春分之后，白昼越来越长，大火星在黄昏时出现在天空中的位置也随之变高，过了两三个月后的日落不久，就会看到大火星悬挂在正南方的天空中发出明亮的光芒。随着时间推移，大火星继续西移，位置又越来越低。接近又一个日夜等长之时（秋分），大火星就完全消失在地平线以下了。这是因为这时地球公转使得太阳与心宿看起来像是在同一片区域，二者似乎同升同落，而距离远的多的心宿之光芒为太阳所掩盖之故。古籍《夏小正》中云："八月辰（指大火）则伏"，"九月内火，辰系于日"。此后再过约一个月，心宿大火星又会于日出之前在东方出现，直至次年春分。在这样循环往复的过程中，古人逐渐积累了经验、认识了四季节气，总结了天时历法。

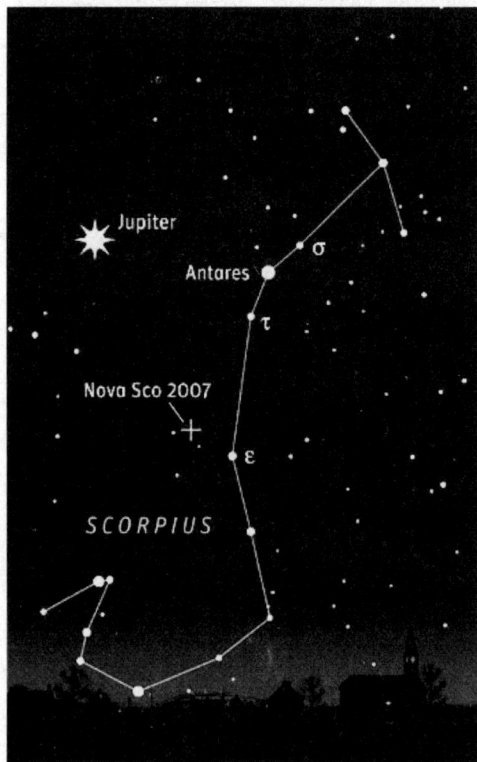

▲ 大火星（Antares）在天蝎座中的位置

有学者考证，早在殷商时代，古人已经根据对大火星的观察测算推算了夏至的日期。在出土的大量甲骨卜辞中，有"贞佳火，五月"，"有新火星并火"，"其侑火"等等。"侑"等都是祭名，这些卜辞所记载祭祀正是针对大火星的。现代天文学研究证明，因为地球公转偏差，最有利于观测大火星的时间是公元前 2400 年左右，这个时代正是中国的商周之际。正是由于发现了大火星与季节变化的规律，人们才把它与收成好坏挂钩，继而隆重祭祀之以祈求丰收。

因此我们可以说，至迟到殷商时代，古人已能测定至少一部分的分至。古籍《尧典》中关于"日中星鸟，以殷仲春。日永星火，以正仲夏"的记载，就是殷商时代的天象反映。这样明细的节气关系与月名，以及朴素的天文学知识，充分反映了我国 2000 多年前的天文学成就。

▲ 人马座

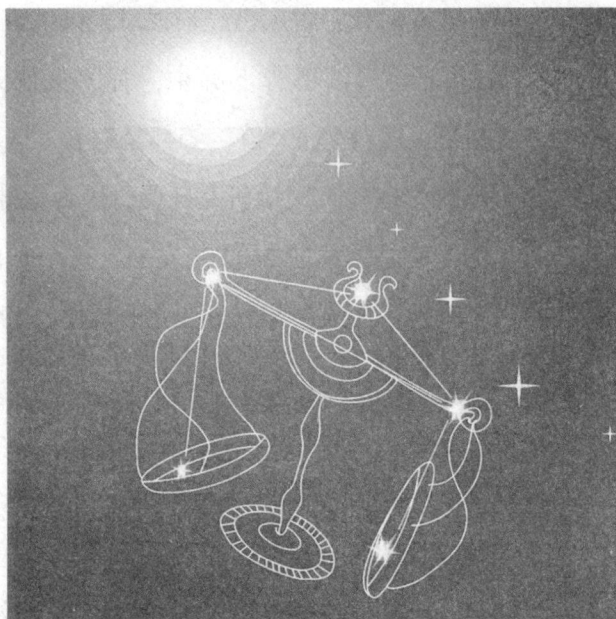

▲ 天秤座

夏日晴空，天蝎座是其中最明亮美丽的星座，星宿二是著名的天蝎之心。当我们的祖先客观实在地观察记录着季节、考虑着能否多收三五斗时，在地球遥远的另一端，同为文明古国的古希腊人将这个星座与人马、天秤等11个星座一起，尽情编写无数或美丽或凄然的传说。这或许就是现实与梦想——二者截然不同，却又有着奇异的和谐。

一寸光阴一寸金：用长度量时间

"燕子去了，有再来的时候；杨柳枯了，有再青的时候；桃花谢了，有再开的时候。但是，你告诉我，我们的日子为什么一去不复返呢？……"

▲ 春暖花开

朱自清著名的《匆匆》一文，不知道引起多少人共鸣，他所表达的核心正是：一寸光阴一寸金，寸金难买寸光阴。

一寸光阴一寸金。一寸光阴，指日影移动一寸，用来形容极短的时间。此句典出唐末诗人王贞白《白鹿洞》：

"读书不觉已春深，一寸光阴一寸金。不是道人来引笑，周情孔思正追寻。"

后元代同恕在《送陈嘉会》一诗中也写到："尽欢菽水晨昏事，一寸光阴一寸金。"《淮南子·原道训》中曰："故圣人不贵尺之璧而重寸之阴，时难得而易失也。"这都是说明寸金寸光阴的道理。

▲ 白鹿洞书院

那么，我们的祖先为什么要用"寸"来做时间的量词呢？这就要说到中国古代的伟大发明——计时器日晷了。日晷，其实是在圭表基础上加以加工而成的。

现代天文学早就告诉我们，地球在围绕着太阳公转的同时不停地自转。因为太阳位于地球公转椭圆轨道的其中一个焦点上，所以我们有了四季的变化。一年之中正午时分太阳的高度是不同的，也因此物体的投影长短随之变化；而地球自转，使得我们有了白昼和黑夜，在一天之内，物体投影长短更是有规律的不断变化着。上述

▲ 圭表

两种变化，就是利用日晷计算时间的基础——根据日晷上针投影的方位，来测定和计量每天的时刻。

▲ 书法：光阴似箭

日晷，又称"日规"。通常由铜制的指针和石制的圆盘组成。铜制的指针叫做"晷针"，垂直地穿过圆盘中心，起着圭表中立竿的作用，因此，晷针又叫"表"，石制的圆盘叫做"晷面"，安放在石台上，呈南高北低，使晷面平行于天赤道面，这样，晷针的上端正好指向北天极，下端正好指向南天极。在晷面的正反两面刻画出 12 个大格，每个大格代表 2 个小时。当太阳光照在日晷上时，晷针的影子就会投向晷面，太阳由东向西移动，投向晷面的晷针影子也慢慢地由西向东移动。晷面的刻度是不均匀的。于是，移动着的晷针影子好像是现代钟表的指针，晷面则是钟表的表面，以此来显示时刻。早晨，影子投向盘面西端的卯时附近。接着，日影在逐渐变短的同时，向北（下）方移动。当太阳达正南最高位置（上中天）时，针影位于正北（下）方，指示着当地的午时正时刻。午后，太阳西移，日影东斜，便依次指向未、申、酉各个时辰。

由于从春分到秋分期间，太阳总是在天赤道的北侧运行，因此，晷针的影子投向晷面上方；从秋分到春分期间，太阳在天赤道的南侧运行，因此，晷针的影子就投向晷面的下方。

世界上最早的日晷诞生于 6000 年前的巴比伦王国。中国最早文献记载是《隋书·天文志》中提到的袁充于隋开皇十四年（公元 574 年）发明的短影平仪，即地平日晷。而另一种常见的赤道日晷，其明确记载初见于南宋曾敏行的《独醒杂志》卷二中提到的晷影图。今天我们还可以在北京故宫博物院，见到这两种日晷的身影。

中国传统的日晷是赤道日晷，它由晷盘和晷针组成。晷盘为石质，周边刻有子、丑、寅、卯等12个刻度（时辰）。晷针为铜质，立于晷面中心且垂直于晷面。晷面和赤道平行，也和地面成一定角度。在阳光照耀下，晷针的影

▲ 故宫内的日晷

子就好像钟表的指针一样慢慢地移动（不过是逆时针的方向），晷针的影子指向晷盘的某一位置，便可知道是白天的某一时间。"一寸光阴"，就是指晷盘上晷针的影子移动一寸距离所耗费的时间。也有用晷指日影的，唐《初学记》引潘尼诗："尺璧信易遗，寸晷难可逾。"唐钱起《钱考功集·送张少府》："寸晷如三岁，离心在万里。"这里，"晷"即指日影，"寸晷"指一寸长的影子，借指时间。

光绪二十三年（公元1897年），在内蒙古（山西托克托城）呼和浩特出土的玉盘日晷是迄今发现的年代最早的日晷，它的年代是秦汉时期。这座日晷呈一尺见方，石材；石板表面平整，中央有一个较大、较深的圆孔，圆孔之外有一半径近4寸的大圆。圆周上刻有69个浅孔，浅孔都标上1～69的数码，并有直线与中央圆孔相连。按69孔所占圆周2/3略加估算，整个圆周是等分成100等份的，每一浅孔占1/100。

之所以有一个扇形空缺，想是因太阳从地平线升起前和落下后都不会形成投影，故晷面的这一部分不必设刻度。

这种利用太阳光的投影来计时的方法是人类在天文计时领域的重大发明，这项发明被人类所用达几千年之久，然而，日晷有一个致命弱点：即阴雨天和夜里是没法使用的，因而中国古代还同时使用着另一种计时器——漏刻。直至1270年，意大利和德国才发明了早期的机械钟，而我国则直至1601年，明代万历皇帝才得到2架外国来的自鸣钟。清代时虽有很多进口和自制的钟表，但都为王宫贵府所用，一般平民百姓还是看天晓时，延续着使用"尺寸"来衡量时间的古老方法。

▲ 清华大学校园内的日晷

日晷作为古代计量时间的重要工具，经过几千年时光的浸润，今日亦成为有着特殊含义的纪念物。清华大学大礼堂前绿草如茵，正前方就是一座日晷纪念物，下部底座上刻有校风"行胜于言"以及建造年月；北京大学塞克勒考古与艺术博物馆前，也安放着一座日晷。日晷形象的中华世纪坛，更是作为首都迎接新世纪的象征，被人们赋予了种种美好的期待。人们更加记得2008年8月8日，当时钟接近晚8时时，焰火在"鸟巢"上空绽放，一道耀眼的焰火随即在体育场上方滚动，激活

▲ 中华世纪坛

古老的日晷。日晷将光芒反射到2008面缶组成的缶阵上，和着击打声，方阵显示倒计时秒数。缶面上连续闪出巨大的9、8、7、6、5、4、3、2、1……激动人心的那一刹那，古老的日晷与我们同在。

　　古往今来，时间总是让人们感到最神秘和深奥的所在。每个人都拥有自己的时间，也都会在某一刻走完自己的时间。古老的日晷上光影浮动，一寸光阴一寸金——人人都懂，人人都说，然而寸金亦难买寸光阴，有的人穷其一生才领悟得到。

⭐ 以管窥天：朴素的观天术

春秋时期，神医扁鹊四处行走，为人解除病痛，留下了无数可叹可笑可省的故事，除了大家熟悉的讳疾忌医的蔡桓公，虢国太子经扁鹊手死而复生，也被人津津乐道。

其时扁鹊言："夫子之为方也，若以管窥天。以郄视文。"（《史记·扁鹊仓公列传》）"以管窥天"这个成语，扁鹊是用来斥责虢国中庶子的孤陋寡闻、目光短浅的。

▲ 扁鹊切脉图

"以管窥天"，语出见《庄子·秋水》："是直用管窥天，用锥指地也，不亦小乎！"《庄子·秋水》通篇气势宏大，充满了对大自然对宇宙的追求与向往，不屑用管窥天这样的小伎俩。因为通过竹管从小孔或缝隙里望向天空，总是范围有限，有如坐井观天一般，无法看到"天"的全貌。故而这个成语（也简作"管窥"）用来比喻人们见闻狭隘或看待事物、问题过于简单、片面。用于他人有着强烈的贬义。

而事实上，透视历史的真相，在没有望远镜的古代，古人就是"以管窥天"的——通过特制的管子，古人观察天体星象活动，并且曾达到很高的认识水平。

近代天文望远镜诞生于 400 年前，换句话说，古人在没有今天我们依赖的工具前已经面对着浩瀚的天空几千年。起初肉眼当然是唯一凭借，然而即便是最好的裸眼视力，也只能看到大范围的天象变化，要论各个天象的微小改变就力不从心了。聪明的古人于是发明了"管"：一般采用竹或者某种石材为原料，用以缩小观测范围以集中精力；逐步又发明了刻有尺度并能转动的仪器，其窥管也改用青铜铸造。

科学家李政道研究认为，观天是人类启蒙的文化，早在远古时代人类创造神话之时就开始了观天——这既表达了对宇宙和谐美的向往，也反映了对神灵的崇拜与敬畏。

宇宙的神秘总能激发人类无尽的好奇心，在中国的新石器时代，人们就已经发展了科学的观测活动。李政道猜测当时已有较为"精密"的天文观测仪器，能把天空中的固定点定位准确到零点几度。整个仪器安装在一个约 15 尺长的直圆筒柱上，筒柱中心有一个孔。当古人通过盘边的凹槽观测天空时，每个槽中有一颗亮星。但是这种猜想缺乏实证，历史真相如何，还不能妄下结论。

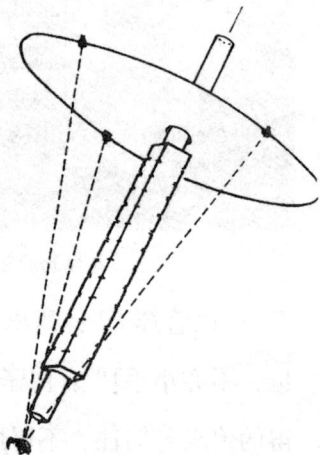

▲ 李政道猜测的古代观天仪器

通过现代的科学实验证明，用管来观测天象，是有着其科学依据的。利用管的限制，可以除去侧光的影响，提高暗星的能见度，直接以肉眼看不见的八等星，通过这样的管子即可看见。而窥管的长度、粗细等具体尺寸若适当，效果则会更佳。

根据记载，中国古人使用的天体测量仪器主要有浑仪、简仪等；表演天体视运动的仪器主要则是浑象。浑仪是中国古代用于测量天体球面

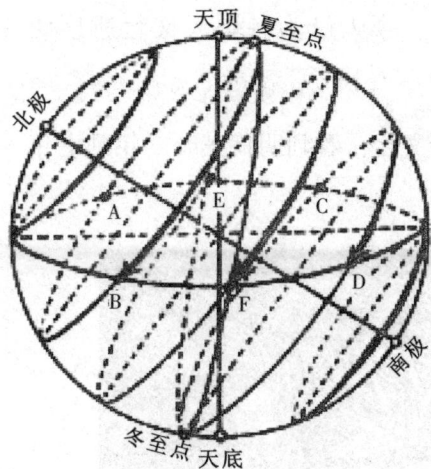

▲ 浑仪结构图

坐标的观测仪器。它是由一重重的同心圆环构成，整体看起来就像一个圆球。有资料表明，在公元前4世纪中叶，中国就已经使用浑仪观测天象了，比古希腊约早60年。

浑仪的最基本构件是四游仪和赤道环。四游仪由窥管和一个双重的圆环组成。窥管便是前述中空的管子，作用类似于近代的天文望远镜，只是没有镜头。

双重圆环叫四游环，也叫赤经环，环面上刻有周天度数，可以绕着极轴旋转，窥管夹在四游环上，可以在双环里滑动。转动四游环，并移动窥管的位置，就可以观测任何的天区。赤道环在四游环外，上亦刻有周天度数，固定在与天球赤道平行的平面上。这样，就可以通过窥管观测到待测量的天区或星座，并得出该天体与北极间的距离，称"去极度"，以及该天体与二十八宿距星的距离，称"入宿度"。去极度和入宿度是表示天体位置的最主要数据。从中可以看出，窥管是浑仪中的重要部件。以管窥天，的确能窥到"天"。

随着时间推移，窥管也不断改进。宋代人沈括把窥管下端的孔径缩小，以便减少由于人眼挪动范围而造成的误差。到元代，科学家郭守敬更是把窥管的三边管壁去掉，只剩一条两头带着横耳的铜条，这样窥管就改称"窥衡"了。

此外，还应该指出的是，中国古代浑仪采用的是赤道坐标系统，比西方采用的黄道坐标系统要先进得多，今天已为各国天文台所广泛采用。

现在，人们还可以在南京紫金山天文台，看到明代正统二年到七年（1437～1442）间制造的浑仪和简仪。

▲ 陈列于南京紫金山天文台的简仪

《二程遗书》卷十三中曰："释氏说道，譬之以管窥天，只务直上去，惟见一偏，不见四旁，故皆不能处事。"而《文选·东方朔〈答客难〉》中更是说到："'以管窥天，以蠡测海，以筳撞钟。'岂能通其条贯，考其文理，发其音声哉！"鄙夷斥责溢于言表，岂知这只是其一。天空中繁星何止成千上万，若一一去观难免眼花缭乱，而以"管"窥我想窥之地、觅我想看之星，目不斜视，精力集中，就算"坐井观天"，又怎会没有收获，又怎会无所成？更何况，子非鱼，安知鱼之乐哉？

⭐ 月晕而风，础润而雨：天象与气象

"于是……在一个毛月亮的晚上点了盏风灯，扛了把铁锹，就去了十三里铺的坟地。"

悬疑惊悚小说《鬼吹灯》，极尽想象之能事，同时善用各种环境描写衬托，引得读者感同身受、毛骨悚然。

这一回中对鬼魅气氛起到很大作用的"毛月亮"，学名就是月晕，有成语云："月晕而风，础润而雨。"这其实是一种有据可循的天文学现象，而并非民间所传：有着长毛毛的月亮之夜，即孤魂野鬼出没时分。

▲《鬼吹灯》封面

▲ 月晕

月晕而风，础润而雨：月晕出现，那么将要刮风；柱子础石湿润，

那么就快要下雨了。语出《淮南子·说林训》："山云蒸，柱础润。"宋·苏洵《辨奸论》中言道："事有必至，理有固然，惟天下之静者，乃能见微而知著。月晕而风，础润而雨，人人知之。"清·百一居士《壶天录》卷上中说："燥湿为天地自然之气，月晕而风，础润而雨，人以此测于几先者，固古今一致也。"亦作"月晕知风，础润知雨"。长舆《论莱阳民变事》："月晕知风，础润知雨，窃恐踵莱阳而起者，祸变相寻而来未有已也。"

这个成语用来比喻从某些征兆可以推知将会发生的事情。本身的意思浅显易懂，不过，这其中还蕴含着一定的科学道理。

月晕，是月亮周围一个或者两个以上的彩色或白色光圈，月晕出

▲ 月晕

现的同时，月亮光看似也暗淡了许多，像是长了毛似的，因此民间有"毛月亮"之称。而月晕真正的产生原因，其实是由于光的折射。

当代气象科学实践表明，在天气由晴转阴雨时，人们先看到卷层云，而后天空出现会产生降雨的中低云。这时云中水汽含量发生变化，当光透过高空卷层云时，受冷晶折射作用，使七色复合光被分散为内红外紫的光环或光弧，围绕在月亮周围，变出现了月晕。这与雨后彩虹出现的原理有些类似，不同的是彩虹在天气变化后出现，而月晕一般预示着天气的改变。与月类似，太阳也有日晕。中国古人很早以前就开始用

晕来预测天气，如"日晕三更雨，月晕午时风"、"日枷雨，月枷风"、"日戴晕，长流水"等，都是关于晕的天气谚语。

▲ 日晕

那么，日月有晕就一定会有风雨出现吗？这要从晕的形成谈起。晕看上去似羽毛、如马尾状，是气象上称为卷层云的产物。气象学已揭示，产生降水的云层是中低云，卷层云本身并不产主降水，只是随后天空中出现中低云的前兆云。但是，卷层云出现以后，下雨一定要有能产生降水的中低云系才可，因此出现了日月之晕，也不一定会产生降水。

事实上，有些晕的形成，不但不会形成风雨，反而天气会转晴。在夏季常能见一些似馒头、又似马鬃的对流云，但当对流减弱后，云体会崩溃，变成缕状的、羽毛状的卷层云。这种云一般在白天午后出现。有太阳时，也可在这些云彩上映出残缺不全但色彩艳丽的晕。这时对流本身已经很弱，晕过后也不会有降水发生。当别处有降水时，降水区上空的空气向四周辐散，会带动高空的高云向雨区外围扩散开来。这时远离雨区的观察者会看到成片的高云，其中也有一些卷层云。生活在江淮梅雨锋南侧控制区的人们，常常可以看到这种情况。由于这种静止锋的降水区很少移动，高空伸向远方的高云也很少变化。有时在静止锋以外的地方，可以接连几天看到太阳周围有晕发生；到了晚上，若有月亮，还可看到月晕存在，却始终没有降水发生。

当出现了卷层云，就得看其后的中低云是否发展，若发展，其结果就是要降雨。这就是判断出现日月晕后是否有风雨的主要征兆。无论是接连数天的晕还是昙花一现的晕，都应看晕后中低云的发展速度。中低云发展移入快，降水来得快；发展移入慢，降水也就姗姗来迟；不移入，则不会有降水。

月晕而风，础润而雨。讲的是对事情有一定的预见性。不过这种预见来源于对以往生活经验的总结——由于我们在之前100次月晕后都见到了天气的变化，也就理所当然地认为第101次月晕也必然如此。事实果真如此吗？关于习惯经验、思维定式与创造想象，又是另一个故事了。

杞人忧天：古代的宇宙观

相信你也有着儿时妈妈讲故事的温馨回忆，那么关于杞人忧天的故事大概和邯郸学步一样，都是让人想来就发笑的：

"杞国有人忧天地崩坠，身亡所寄，废寝食者。又有忧彼之所忧者，因往晓之，曰：'天积气耳，亡处亡气。若屈伸呼吸，终日在天中行止，奈何忧崩坠乎？'其人曰：'天果积气，日月星宿，不当坠邪？'晓之者曰：'日月星宿，亦积气中之有光耀者，只使坠，亦不能有所中伤。'其人曰：'奈地坏何？'晓者曰：'地积块耳，充塞四虚，亡处亡块。若躇步跐蹈，终日在地上行止；奈何忧其坏？'其人舍然大喜。晓之者亦舍然大喜。"

这一则原见于《列子·天瑞》篇的故事，被翻译成各国语言，进入了世界各地的寓言书。

"杞人忧天"，杞，古国名，在今河南省杞县；忧天，担心天会掉下来。这

▲ 漫画：杞人忧天

个成语形容一个人头顶蓝天，却整天担心蓝天会崩塌下来；脚踏大地，却成天害怕大地会陷落下去。原意是讽刺那些胸无大志、患得患失的人。"天下本无事，庸人自扰之。"清·劲长蘅《守城行纪时事也》诗云："纵令消息未必真，杞人忧天独苦辛。"今常用于比喻没有根据或不必要的忧虑和担心。

不过说到"忧天",还真得对中国古代天文学所架构的宇宙认知有所了解。

人是生活在地上的动物,对于高高在上的"天"从来有着好奇、向往与敬畏。皇帝是"天"派到人间的代表,因此称"天子";百姓的矛盾要向"青天"大老爷申诉,倘若有了冤屈,也是呼"天"抢地——窦娥就曾大喊:"天也,你错堪贤愚枉做天;地也,你不分好歹何为地!"这说明,"天"在古代人生活中的地位是多么的尊崇与高贵。

那么,人们究竟是怎样认识"天"的呢?就中国古代而言,关于"天"的宇宙结构学说最主要的有"盖天说"、"浑天说"和"宣夜说"。

最早出现的是周代的"盖天说",其特点是认为"天圆地方"。按先秦天文学著作《周髀算经》的说法,平直的大地是每边81万里(1里=0.5千米)的正方形,天顶的高度是8万里,向四周下垂。大地是静止不动的,而日月星辰则在天穹上随天旋转。这一学说符合人们的直觉,但没有多少科学根据。随着科学发展,"盖天说"在晋代也发生了变化。这时的"盖天说"和第一次的区别在于,它不以地为平整的方形,而认为是一个拱形。拱形大地的设想,虽然仍不符合实际,却反映了科学的进步。

▲ "盖天说"示意图

据《晋书·天文志》记载："其言天似盖笠，地法覆槃，天地各中高外下。北极之下为天地之中，其地最高，而滂沲四聩，三光隐映，以为昼夜。天中高于外衡冬至日之所在六万里。北极下地高于外衡下地亦六万里，外衡高于北极下地二万里。天地隆高相从，日去地恒八万里。"按照这个宇宙图式，天是一个穹形，地也是一个穹形，就如同心球穹，两个穹形的间距是8万里。北极是"盖笠"状的天穹的中央，日月星辰绕之旋转不息。

至迟在西汉又出现了另一种新学说——"浑天说"。《张衡浑仪注》中说："浑天如鸡子。天体圆如弹丸，地如鸡子中黄，孤居于天内，天大而地小。天表里有水，天之包地，犹壳之裹黄。天地各乘气而立，载水而浮。""浑天说"最初认为：地球不是孤零零地悬在空中的，而是浮在水上；后来又有发展，认为地球浮在气中，因此有可能回旋浮动，这就是"地有四游"的朴素地动说的先河。"浑天说"认为全天的恒星都布于一个"天球"上，而日月五星则附丽于"天球"上运行，这与现代天文学

▲ "浑天说"示意图

的天球概念已有接近。因而"浑天说"采用球面坐标系，如赤道坐标系，来量度天体的位置，计量天体的运动。

"浑天说"比起"盖天说"来，是一个巨大的进步，以观察天体的视运动而论，按浑天体系解释，要精确得多。但是作为宇宙结构体系来

说，"浑天说"仍然不符合真实。其"天球"概念完全是臆想出来的。

约在东汉时期，又出现了一个有创造性的新学说——"宣夜说"，它直接否定天球的存在，认为宇宙空间皆充满气体。因为没有天球，"日月众星，自然浮生虚空之中"。所有天体都是在无所不包的气体中漂浮运动，各有不同的运动特性。

单就认识论来说，"宣夜说"可以说达到了很高的理论水平。它提出了一个朴素的无限宇宙的概念。但就观测天文学的角度看，"宣夜说"却不如"浑天说"的价值大，因为"浑天说"能够通过计算来测算太阳和月亮的运行，张衡在西汉耿寿昌发明的浑天仪的基础上创制的"浑天仪"就是一个代表。这个比以前精致得多的浑天仪是一个可以转

▼ 浑天仪模型

动的空心铜球。铜球外表刻有二十八宿和其他一些恒星的位置；球体内有一根铁轴贯穿球心，轴的两端象征北极和南极。球体的外面装有几个

▲ 张衡

铜圆圈，代表地平圈、子午圈、黄道圈、赤道圈，赤道和黄道上刻有二十四节气。凡是当时所知的重要天文现象，都刻在了浑天仪上。张衡又利用水力推动齿轮的原理，用滴壶滴出来的水力推动齿轮，带动空心铜球绕轴旋转。铜球转动一周的速度和地球自转的速度相等。从而人们可以通过观察浑天仪，了解测算天体运行规律。这在当时是十分先进的。这也许就是为什么"宣夜说"在历史上不如"浑天说"影响大的主要原因。

不过，对于地球处在宇宙中有着自己运行的规律的这一观点，中国古代倒是早有认识。战国时的《列子·天瑞》篇说："天地，空中之一细物，有中之最巨者"，又说"运转靡已，大地密移，畴觉之哉"。这里前一句指出地球不过是宇宙空间的一个细小物体，但又是我们周围有形物体中最巨大的，这种认识颇为得当，后一句则说明大地在不停地运转，短时间内已移动了不少路径而使人难以觉察，也完全正确。另有《素问》中《天元纪大论》和《五运行大论》篇也记载了黄帝和医学家鬼臾区关于天动地静还是地球也在运动的争论，唐人王冰在注释《素问》时亦作解释："观五星之东转，则地体左行之理昭然可知也。"秦代李斯在《仓颉篇》中有"地日行一度"之说：古人把"周天"分365.25度，即地球绕日公转一周要365.25天，"地日行一度"，是十分准确的地球公转的概念。看来"地动说"在中国古代曾是普遍为学者所接受的观点。

11世纪时，北宋的哲学家张载在《张子正蒙论》中《参西编》内还有进一步的解释，说："恒星所以为昼夜者，直以地气乘机右旋于中，故使恒星、河汉，回北为南，日月因天隐见。"张载把日月并列虽是错的，但他以为恒星、银河（河汉）以及太阳的升落和隐现的原因，都在于地球的"右旋"，对地球自转理解的深刻、透彻，是同时代的国外学者所未曾有的。

《河图纬》一书对地球的运动，有更深刻的描述："地恒动不止而人不知。譬如人在大舟之上闭牖而坐，舟行而人不觉。"直到今天我们在学习地球运动时，都还在应用2000多年前《河图纬》中的譬喻。从这一点上，中国古代对于"天"的认识不可谓不深、不先进。

"杞人忧天"不过是一个简单的小故事，引发的却是人们的深思。杜甫曾做诗《寄刘峡州伯华使君四十韵》："但求椿寿永，莫虑杞天崩。"而同时代的李白却在《梁甫吟》中吟道："白日不照吾精诚，杞国无事忧天倾。"一个讽刺杞人，一个却愿效法杞人——生于忧患、死于安乐。现代科学告诉我们，的确有从天上掉下来的陨石落地。如果杞人有幸目睹，大概又要庆幸自己的忧患意识了吧。

成语中的地理学

⭐ 五湖四海：古人对中国水域的认识

每一个少年都有过一个关于江湖和侠客的梦想。像《水浒传》中的绿林好汉一般，锄强扶弱飞檐走壁、路见不平拔刀相助，面对别人的感激涕零，潇洒地端起一碗酒：四海之内皆兄弟！然后翩然离去——五湖四海，任我逍遥。这个由此染上了些许豪迈色彩的成语"五湖四海"，深深地在人们印象中打下烙印。

五湖四海，"五湖"出自《周礼·夏官·职方氏》："东南曰扬州，……其川三江，其浸五湖。"而"四海"出自《尔雅·释地》："七戎、六蛮、九夷、八狄形，总而言之，谓之四海。"《礼记祭义》："夫孝置之而塞乎天地，溥之横四海。推而放诸东海而准，推而放诸西海而准，推而放诸南海而准，推而放诸北海而准。"《论语·颜渊》

▲ 鄱阳湖

曰："四海之内，皆兄弟也。"唐·吕岩曾作《绝句》："斗笠为帆扇作舟，五湖四海任遨游。"今常用来泛指我国各地，有时也指世界各地。

那么，这五湖究竟是哪五湖，四海又是哪四海呢？这就涉及了历史上人们对地理范围、湖海水域的认识。

古代所说的五湖、四海与现代不同。今天所说的五湖是指鄱阳湖、洞庭湖、太湖、洪泽湖、巢湖，这是我国著名的五大淡水湖。其中，鄱阳湖，古称彭蠡、彭泽，在江西省北部。洞庭湖，在湖南省北部，长江南岸。太湖，在江苏省南部。洪泽湖，在江苏省洪泽县西部。巢湖，也称焦湖，在安徽省中部。而在历史上，《地理通释十道山川考》中记载，五湖是指彭蠡（即鄱阳湖）、洞庭湖、巢湖、太湖、鉴湖（到了清代被洪泽湖代替）。但根据《史记河渠书集解》：五湖，湖名耳，实一湖，今"太湖"是也。

▲ 洞庭湖

▲ 太湖

"四海"的说法也不同。最初的意义即泛指我国各地。如《荀子》一书说："四海之内若一家。"后来，随着古人对地理的认识，"四海说"逐渐有了确切的水体含义，即指环绕我国四周的海，分别为东、南、西、北四海。这样一来，中国也称"海内"，其他国家和地区也称"海外"。这种说法一直沿用下来。

我国今天的四海是指渤海、黄海、东海和南海，并不完全与古时"四海"重合。

先秦时所称北海就是现在的渤海一片。《左传·僖公四年》载，齐国要讨伐楚国，楚王闻讯便派人向齐桓公说："君处北海，寡人处南海，惟是风马牛不相及也。"汉代渤海西曾置北海郡。

现在的黄海，因处于黄河下游东边，古代称为东海。《孟子·离娄》记载："太公避纣，居东海之滨。"所说东海即指今山东莒县东的

▲ 黄海、渤海的分界线

黄海。《越绝书》记载："苟践伐吴霸关东从琅琊台起观台，台周七里，川望东海。"琅琊在今黄海之滨的山东诸城东南。秦汉时，山东郯城及江苏海州一带黄海之滨置东海郡。

现在的东海范围古代曾称南海，这是因为先秦时北方诸国把荆楚之地视为南方蛮夷，称吴越东海一带为南海。由上引《左传》可知，楚王自己也言道楚国地处南海。《史记·始皇本纪》记载秦始皇"上会稽、祭大禹、望于南海。"所说南海即指今浙江绍兴东的东海。公元前214年，秦势力越过南岭到达今天的南海边，统一了岭南地区，并在那里设置南海郡。所以至迟从秦代开始，古南海位置已相当于今天的南海。

中国东、南两面临海，所以古代东海、南海所指的区域易于确定，但是西海、北海至今尚不完全清楚。《古今图书集成·山川典·海部》

▲ 南海

概括指出："从古皆言四海，而西海、北海远莫可寻，传者亦鲜确据。"北海在先秦时指渤海，汉代以后，随着疆土范围的扩大，北海变成指现在的贝加尔湖（位于俄罗斯西伯利亚地区南部）。元代时，科学家郭守敬进行大规模的地理测量，其中北海测点的地理位置就在今贝加尔湖以北的下通古斯卡河下游地区。古代西海的位置也不确定，不同时期指的很不一样。有时指青海湖、博斯腾湖、咸湖、阿拉伯湖、波斯湾，有时甚至指远在西方地区的红海、地中海。

毛泽东《为人民服务》中说："我们都是来自五湖四海，为了一个共同的革命目标，走到一起来了。"从这种用五湖四海代指各地的说法，可见中国人对水的感情之深。《易经》曰："太一生水。"现代生物学研究表明，人类可能起源于大海。每一个城市有了水似乎就有了灵性，五湖四海——是我们美丽的家园。

⭐ 赤县神州：古人的世界地理观

如果看过古天乐版的《寻秦记》，大概会对里面仙风道骨的白胡子老爷爷有印象，这位齐人邹衍，在电视剧中总是以一手抚弄胡须，一边摇头晃脑地说着"老夫夜观天象，……"的形象出现，似乎学识渊博。而事实上，历史上的邹衍虽然大抵没有电视上那么可亲，学识却真是不赖。"赤县神州"这个成语，就是来自邹衍的"大九州说"。

赤县神州，赤县和神州，都是中国的别称，其中神州之称一直沿用至今。这个成语最早见于《史记·孟子荀卿列传》："（邹衍）以为儒者所谓中国者，于天下乃八十一分居其一分耳。中国名曰'赤县神州'，赤县神州内自有九州，……中国外，如赤县神州者九，乃所谓九州也。于是有裨海环之，人民禽兽莫能相通者，如一区中者，乃为一州。如此者九，乃有大瀛海环其外，天地之际焉。"金·元好问《四哀诗·李钦叔》诗曰："赤县神州坐陆沉，金汤非粟祸侵寻。"清·吴沃尧《糊涂世界》："名山大川之间，赤县神州之外，无远勿届，不期而然。"清·黄遵宪《八月十五夜太平洋舟中望月作歌》："岂知赤县神州地，美洲以

▲ 邹衍

39

西日本东。"梁启超《小说与群治之关系》："此又天下万国凡有血气者莫不皆然，非直吾赤县神州之民也。"

邹衍，齐国人。生卒年不详，据推断大约生于公元前 324 年，死于公元前 250 年，战国末期最著名的学者之一，在哲学、地理学和天文学方面都有杰出贡献。就学于稷下学宫，先学儒术，改攻阴阳五行学说，然而终以儒术为其旨归。"邹衍以儒术干世主，不用，即以变化始终之论，卒以显名。……邹子之作变化之术，亦归于仁义"（《盐铁论·论儒第十一》）。"邹子疾晚世之儒墨不知天地之弘，昭旷之道，将一曲而欲道九折；守一隅而欲知万方，犹无准平而欲知高下，无规矩而欲知方圆也。于是，推大圣终始之运，以喻王公列士……"（《盐铁论·论邹第五十三》）。

在地理学方面，邹衍提出"大九州说"，补充了中国早期占统治地位的天体观和地理观之不足，开创了海洋开放型地理观。邹衍的地理学说，认为儒者所说的"中国"，不过是天下的 1/80。他命名中国为"赤县神州"。赤县神州内自有九州，就是《禹贡》中所说的九州，可暂时称为"小九州"。与赤县神州大小相当的州，还有 8 个，就是大九州。每一大州的四周，有裨海环绕。一块地上生活的人和鸟兽无法与另一地的接触来往。这样将它们分别以 9 划分，应共划出 81 个区域，中国便只为其中的一个区域。显然，邹衍所说的"有大瀛海环其外"的"九州"实为现代意义上的"九洲"。关于大九州的名称，《史记》只提到一个赤县神州，顾颉刚先生以《淮南子·地形训》的记载为全备："何谓九州？东南神州曰农土，正南次州曰沃土，西南戎州曰滔土，正西弇州曰并土，正中冀州曰中土，西北台州曰肥土，正北济州曰成土，东北

薄州曰隐土，正东扬州曰申土。"

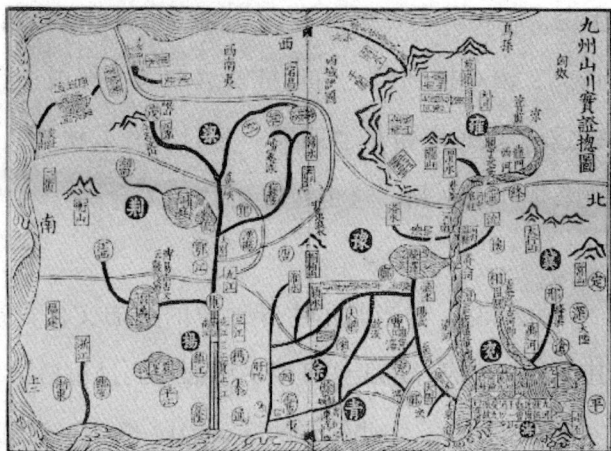

▲《禹贡》九州图

"大九州"是一种对世界地理观念的大胆设想，反映了当时的地理认识比《禹贡》时代又有一定发展。

邹衍"大九州说"的产生，可能跟齐国商业交通的发达，尤其是便于海上交通的条件有关系。这一学说，反映了我国战国时期人们对世界地理的推测，认为中国只是世界的一小部分。同时也扩大了人们的眼界，在人类地理认识史上是一个进步。当然，这只是一种猜测，而并没有明确的科学依据。

邹衍是在对"小九州"有充分认识并且熟悉大海包围陆地这一事实的基础上，以中国的九州为根据，通过外推而假设出了"大九州"。其采用的方法是，"先列中国名山大川，通谷禽兽，水土所殖，物类所诊，因而推之，及海外人所不能睹"。邹衍从黄海、渤海包围山东半岛，推想到"大九州"中"乃有大瀛海环其外"。这种由已知推未知的方法，在人类上下求索认知世界的过程中，不失为一种有效有用之法。

同时，大九州学说的理论基础是阴阳五行说，从时间与空间来推衍，顺推是五行相生说，主要讲天（大自然）；逆推为五行相胜说，主要讲人（人类社会历史）；由小推到大，由近推及远的大九洲说主要讲地（地理），既中央之外，以东南西北"四极"来对应春夏秋冬"四时"，用八卦九宫之数来排列成九州，这也是邹衍"天人合一"宇宙观思想的体现。

邹衍的"大九州说"与当时占主导地位的大陆文化背景的地理学说不相符，其中的合理成分也无法证明，因而遭到过包括司马迁在内的一些学者的怀疑和抨击。在邹衍的学术生涯中，显得更为引人注目的就只是阴阳家学派的创始与他的"五德终始说"，而"大九州说"不为大多人所接受。

但是这并不影响此学说对后世的影响。尤其是随着时间的推移、古代交通技术的发展，人们的视野、所能到达的范围越来越

▲ 司马迁

大，伴随对越来越多新的岛屿、大陆的认识和了解，这种"大九州说"其科学的一面渐渐为人所知。第一部关于宇宙方面的传奇之书《山海经》，就是根据大九州说的方式来编排的。元代张翥言道："九州环大瀛海，而中国曰赤县神州。其外为州者复九，……此邹氏之言也。人多疑其荒唐诞夸。况当时外缴未通于中国，将何以证验其名矣。"明代的郑和下西洋也和当时人们相信大九州说关系密切。

时至近代，西方列强用大炮轰开了中国紧闭的国门，中国的有识之士痛定思痛，"师夷长技以制夷"，在学习西方先进思想与科学知识

42

的过程中，人们又想起了邹衍的"大九州说"。中国清末外交官，改良主义政论家薛福成（1838～1894）于1891年出使英、法、意、比四国，回国后撰写了《出使日记》，其中写道："昔邹衍谈天，……司马子长谓其闳大不经，桓宽、王充并讥其迂怪虚妄，……今则环游地球一周者，不乏其人，其形势方里，皆可核实测算，余始知邹子之说，非尽无稽，或者古人本有此学，邹子从而推阐之，未可知也。"

▲ 薛福成

赤县神州，当现代科学证明了世界七大洋五大洲，并绘制了精美的地图时，神州之名早已传遍华夏。神舟系列载人飞船升空的刹那，同时带向太空的，或许还有中国古人对于世界瑰丽的想象。

也许上帝赐予人类最厚重的礼物，便是想象力与创造力。人类从不停止想象的脚步。焉知今日之论，不类昔日邹衍"大九州说"？那么，就让我们以神州之名，尽情地畅想未来吧。

⭐ 来龙去脉：风水与居住环境

　　大凡去皇家宫殿、陵墓等景点时，导游小姐一定会津津乐道于此处如何蕴藏龙气、山形地势是怎样的风水宝地。"来龙去脉"便是由地理环境的风水而来。

▲ 十三陵是明朝十三个皇帝的陵墓

　　"来龙去脉"，典出宋代赵与时《实退录·卷二》："朱文公（朱熹）尝与客谈世俗风水之说：'冀州好一风水，云中诸龙来也。'"明·吾邱瑞《运甓记·牛眠指穴》云："此间前冈有块好地，来龙去脉，靠岭朝山，处处合格，乃大富贵之地。"这个成语原是风水先生的说法，认为山势如龙，从头到尾都有血脉连贯。堪舆（即风水）家称山脉的起伏为"龙",称其主峰为"来龙",观察山脉的走向、起伏,寻找聚气之势;称山谷中溪流为"脉",称而其主流则为"去脉",追寻水的源头和流向。来龙去脉,指从头到尾像脉管一样连贯着的地势。

清·刘熙载《艺概》诗曰:"律诗中二联必分宽紧远近,人皆知之,惟不省其来龙去脉,则宽紧远近为妄施矣!"亦作"来踪去迹"。后比喻人或事情的来路和去向,也泛指事物前后关联的线索。

从来龙去脉这个成语中,可以窥见古人对居住环境的认识。

人类的居所历来与自然条件密不可分,如身处沙漠的人懂得用厚厚的土墙防热,而居住在森林中的人会在树上建房防潮防虫,爱斯基摩人会制造冰屋等等。

▲ 爱斯基摩人的冰屋

在地处温带气候区的中国,人们很早就发现如将住房建在河流的北边或山坡的南边,住宅便可以接纳更多的阳光,躲避凛冽的寒风,同时可以避免洪水的侵袭。环境与建筑方位何其重要,在中国古代特殊的文化氛围中,它们同时体现着中国传统文化特质。这个体系可以从两方面来分析：其一是正统的儒家思想，并获得官方认可的方位体系。这是一个以正交方向为基础，也包括斜交方向的方位体系，其中包含了中国古代的方位、季节、色彩、音乐、五行等多种文化要素的统一，同时，内蕴有宾主、长幼、君臣、男女、尊卑、礼敬等多种仪式性要素，成为中国古代文化的核心内容之一。其二，则主要是基于中国古代民间流传的与住宅方位相关联的阴阳术数与风水理念中。中国古人把风水称为堪舆，也叫地理，我们不妨连起来一起读做：堪舆风水地理。也不妨这样解释：观察天（堪）、勘察地（舆）、空气空间（风）、水文水质（水）、地形地质（地）的研究分析理论（理）。

"风水"一词最早出于伏羲时代，太昊伏羲根据自己研创的简易图，推理出地球有过一段是风与水的时期。《简易经》里记载："一雾水，二风水，三山水，四丘水，五泽水，六地水，七少水，八缺水，九无水。"这里所指的风水应是风水的原义。风水学在几千年的发展过程中，逐渐完善。虽然晚期迷信的色彩渐重，但其中不乏有科学根据。

中国的风水学主要有下面10种内容：（1）观天。宇宙星体对人的作用。（2）辨质。风（空气）、水、地（土）的质对人的作用。（3）察形。风、水、地的形貌对人的作用。（4）乘气。风、水、地的气对人的作用。（5）测方。风、水、地的磁场方位对人的作用。（6）定位。阴阳宅的位置选择和方向选择。（7）择时。风、水、地与时间配合对人的作用。（8）施工。阴阳宅的设计施工与风、水、地的改善。（9）循礼。尊祖敬宗，慎终追远的风俗礼仪，体现孝道的重要方式。（10）积德。勉人尽孝，劝人为善，催人向上，使人得福，告诉人们顺应自然规律。这是风水学的基本理念与最高目标。

我国早期地理学知识比较发达，约在战国时期就出现了区域性的地理著作《山经》和《禹贡》。《山经》突出讲了区域地形，把我国山地分为南、西、北、东、中五个走向系统，每个系统中有起首、结尾和伸展方向。《禹贡》全书由"九州"、"导山"、"导水"和"五服"四部分组成。两书均对山丘进行了系统的归纳和总结，并以山为纲讨论了地域位置、山系、水系、矿产资源等。

在我国文化地理中占有很重要的地位的西北山脉主峰昆仑山，历来为风水先生所重视，察山必求与昆仑山脉的关系：我国在昆仑山的东南面，天下山脉，祖于昆仑，下生"三龙人中国"。

Wuchubuzai De Kexue Congshu

▲ 昆仑山

"三龙"指山脉的三大干系，以黄河、长江为中界，将南北地域分为南干、中干与北干。北干系指黄河以北的广大区域诸山，山脉从西北高原展来，主脉山脊以西之水，流入龙门西河；山系一支脉为太行山，太行山绵延千里，其最长一分支为燕山山脉。中干系指黄河与长江之间的地域山系，其山脉由蜀汉而来，一支至长安，而尽于关中；一支下函谷，以至嵩岳，支尽泰山。南干系指长江以南区域诸山系，其主脉祖于岷山，也有若干分支。

风水先生将山系分支作为山脉祖宗支派的大纲，若要探寻龙脉之来源，必先洞悉以上诸山之支派，按图索骥。继而他们也吸收了一定水文学的成果。比如成书于三国时期的《水经》。这部第一次较详细描述水系分布的专著中记述了黄河和长江等137条河流，不仅说明其发源地、流向和归宿，而且较详细地说明了经行之地、主支流的空间展布和次序。北魏科学家郦道元撰巨著《水经注》，将河流数量增补至1252条，其描述水系不仅比《水经》详细，而且还记述了水系的演变及其鉴别方法、水系区域及水汛和泥沙等特征。大概由于山、水弯曲的走势，黄河和长江二者都被比喻为"龙"。

　　总归中国山脉水系的大概以及纳阳御寒的气候实利功能，风水先生概括出了一个"风水宝地"的环境模式。这个环境模式是一种理想的背山面水、左右围护的格局：建筑基址背靠一座山称"来龙"，其北有连绵高山群峰为屏障；左右有低岭岗阜"青龙"、"白虎"环抱围护；前有池塘或河流婉转经过；水前又有远山近丘的朝案呼应。基址恰处于这个山环水抱的中央，内有千顷良田，山林葱郁，河水清明。这种环境模式既适于寺庙，也适于村镇或庄园。目前采用这种格局最著名的当属安徽黄山世界遗产地宏村。

▲ 宏村

而后对于建造在其中的具体住宅，则主要参考自有唐一代以来的《宅经》，将一座建筑按照方位和八卦，分为 24 个方位，然后划分阴阳两个范畴，规定各个方位的基本吉凶属性，判断"阴宅"和"阳宅"。

天门	亥	壬	子	癸	丑	鬼门
戌	乾		坎		艮	寅
辛			北			甲
酉	兑	西		东	震	卯
庚			南			乙
申	坤		离		巽	辰
人门	未	丁	午	丙	巳	地户

▲ 住宅内的相位

从这一点上来说，选址的风水学是有一定科学道理的。山峦可以挡住冬季的寒风，而在水边可以享受夏季的清凉，并方便取水、用水。缓坡有利于避免洪涝之灾；左右围护，使植被茂盛，形成的封闭空间有利于形成良好的生态环境和局部小气候；同时在战乱之时亦易攻难守。总之，这种地形环境适合我国的气候特点，也适合我国古代以农为主的自给自足的经济生产方式。

早期的风水学有着不少科学道理，可惜到了明清，杂糅了浓厚的阴阳观念、五行生克理念、谶纬学说等等，非理性的色彩渐重。凡事事必言阴阳，否则不能行，这就太迷信了。所以说，事物的好处妙在"恰到"二字，做事留有余地，否则便是过犹不及。

⭐ 天涯海角：中国古代疆域

别离总是一件让人心头发酸的事情，无论是亲人、挚友，抑或爱人，执手相看泪眼、竟无语凝噎。人们总喜欢说：无论天涯海角，我们心在一起。天涯海角这个成语，一向承载着人们美好的祝福与现实的无奈。

天涯海角（涯，边），天的边际与海的尽头，用来形容极远的地方，或相隔极远。语出南朝陈·徐陵《武皇帝作相时与岭南酋豪书》："天涯藐藐，地角悠悠了，阴谋诡计面无由，但以情企。"唐·吕岩《绝句》："天涯海角人求我，行到天涯不见人。"宋·张世南《游宦记闻》卷六："今之远宦及远服贾者，皆曰天涯海角。"清·吴敬梓《儒林外史》第四十六回："我们俱系天涯海角之人，今幸得贤主人相邀一

▲ 海南岛天涯海角

聚，也是三生之缘。"唐宋八大家之一的大文豪韩愈，19 岁时自宜城前往京城，以后 10 年的时间中，只和自己的侄子十二郎见过 3 次面。后来十二郎因病去世，韩愈伤心欲绝，作《祭十二郎文》，文中言道："一在天之涯，一

在地之角，生而影不与吾形相依，死而魂不与吾梦相接，……彼苍者天，曷其有极。"甚是情真动人。今天人们所知的"天涯海角"，地处

海南岛。岛上有两块刻有"天涯"、"海角"的巨石，让人有一种走到了天地尽头的感觉。

▲ 天涯海角

海南岛为什么会被人称为"天涯海角"呢？这是因为，古时候交通闭塞，到"鸟飞尚需半年程"的琼岛，人烟稀少，荒芜凄凉，是封建王朝流放"逆臣"之地。来到这里的人，来去无路，望海兴叹，故谓之"天涯海角"。宋朝名臣胡铨哀叹"区区万里天涯路，野草若烟正断魂"。唐代宰相要德裕用"一去一万里，千之千不还"的诗句倾吐了被谪的际遇。这些都表明了这里是中国古人内心中真正的"天地尽头"，极为偏远之地。

说到这里，就要说说古代中国的地理疆域变化了。今日我们都说祖国好似一只雄鸡傲立于世界东方，而事实上，中国疆域的形成，经历了一个非常漫长的酝酿过程。

根据现代考古证实，早在距今300万年前的旧石器时代早期，中国人的祖先就劳动、生息在今喜马拉雅至外兴安岭、巴尔喀什湖及葱岭至海（今南海、东海、黄海、日本海、鄂霍次克海）的广袤土地上。又经过了新石器时代（前1万年～前4000年），夏朝建立，国家出现。国家对领土主权的行使，标志作为政治地理概念的中国疆域脱胎问世。甲骨文的发现和研究，证明史书上记载的有关商人的活动和商朝的历史基本是可信的。在商人取代夏朝前有过 8 次迁移，商朝建立以后，都城还是经常迁移；但都不出今河南、山东、河北三省的范围，而且没有到达这三省的全境。当然它的统治区还可能大些，但不会超出黄河中下游的范围。只是到了末年，商朝的势力才扩展到淮河流域。

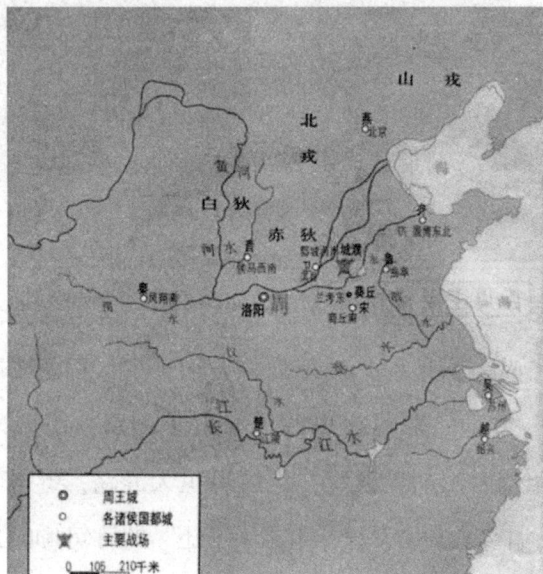

▲ 春秋列国疆域

周人起源于关中，到公刘氏迁到豳（今陕西橡邑县西）。传至古公亶父（约前 12 世纪）时，迁至岐山下的周原（今陕西岐山县境）。大约在公元前 11 世纪，文王（姬昌）建了丰邑（今陕西长安西南南沣河以西）为都城，又向东迁移了一次。武王（姬发）建的镐京与丰相距不远。武王灭商以后和其后的成王时代（约前 11 世纪）分封了一大批诸侯国，其范围大致北起燕山，南至长江中下游，西起关中盆地的西缘，东对山东半岛中北部。以后，各个诸侯国分别征服了周围的一些其他部族或小国，范围扩大了，西周名义上的统治区也随之有所扩大。

公元前 213 年，秦朝统一中国。这个王朝拥有北起河套、阴山山脉和辽河下游流域，南至今越南东北和广东大陆，西至陇山、川西高原和云贵高原，东至于海的辽阔疆域。能在如此大的范围内建立起一个统一国家，这在中国历史上还是第一次。但是，也并不是在秦朝的全部疆域中都已经达到了如此程度的统一。在南方新占领区，秦朝还没有取得完全的控制。在今天的浙江南部、福建、云南、贵州、四川南部、广西西北等地往往只控制了交通线和沿线的据点，当地部族的"君长"依然保持着他们的权力。

Wuchubuzai De Kexue Congshu

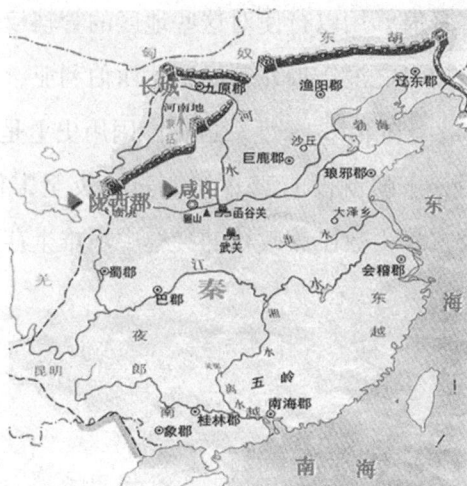

▲ 秦代疆域

　　时至汉代，能征善战的武帝刘彻时期，中国的疆域达到最大。其中最重大的事件是海南岛上行政区域的撤销。由于岛上的土著居民不断反抗，汉元帝接受贾捐之的建议，在初元三年（前46年）将行政机构全部内迁。此后西汉的疆域保持稳定，直到公元9年王莽代汉。这一疆域比秦朝扩大了很多，东北由朝鲜湾沿岸一角扩大到今江华一线以北部分，南方延伸到了北纬13度，西北增加了河西走廊和西域都护府的辖境。此后中国经历了东西晋、南北朝的乱世，一直到隋唐才得到安定统一。唐朝的实际控制区达到了贝加尔湖以北，设置正式行政区的范围也扩大到了"阴山以北六百里"，超出了今国界。到贞观十四年灭高昌，政区扩大到今新疆东部。唐朝还一度取得黄河上游的河曲之地和大渡河上游一带，设置了州县。在西南今贵州东北部、云南大部和广西恢复了正式行政区。

随着军事行动的胜利和当地少数民族的服从，唐朝在边疆地区先后设立了单于（云中）、安北（瀚海）、安西、北庭、安东、安南六个都护府和若干边州都督府，用以行使对这些地区的管辖权。因此唐朝拥有的疆域最西曾经抵咸海之滨，最北曾经到达西伯利亚，最东曾经至萨哈林岛（库页岛），最南在北纬18度。这在中国历史上是空前的。

安史之乱以后，唐朝就没有真正统一过，及至宋代，更是偏安一隅，在金、辽、蒙古等少数民族政权的夹缝中艰难生存。

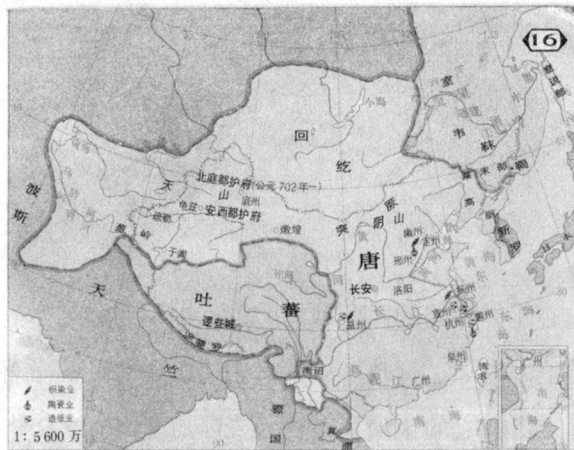

▲ 唐朝疆域

到了元代，中国的疆域达到了最广。在北方，西起今额尔齐斯河，东至鄂霍次克海。在东部，拥有今朝鲜半岛的东北部。在西南，包括今克什米尔地区以及喜马拉雅山南麓的不丹、锡金等地，今缅甸东北部和泰国北部。与汉、唐极盛时期的疆域相比，元朝不仅在面积上大大超过了它们，而且在控制程度上也远胜于它们。除了吐蕃地区以外，元朝在全国都设置了行中书省（简称行省），其中包括汉唐时从未正式设置过政区的阴山山脉和辽河以北地区。

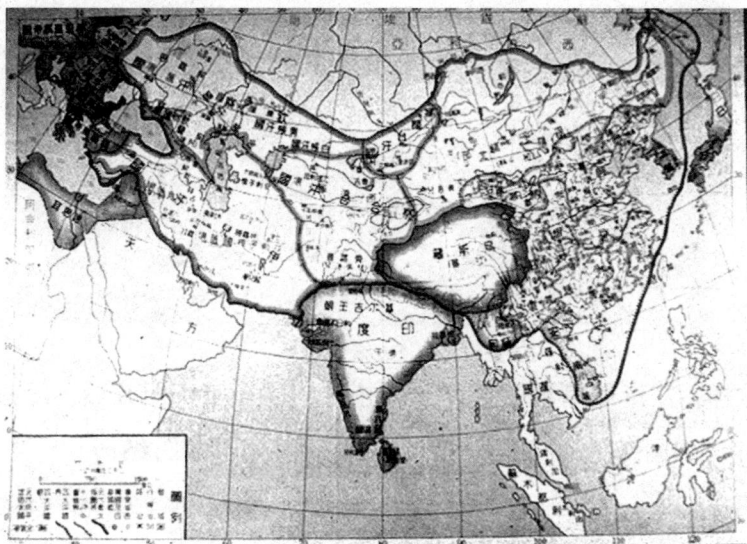

▲ 元代疆域图

元至正二十八年（1368 年），朱元璋在应天府（今南京）称帝，国号明。洪武十五年（1382 年），明军平定云南。至此，除了元残余势力（北元）据有蒙古高原及其西北地区以外，明朝基本上继承了元朝的疆域。但明朝的疆域并不稳定，尤其是北方和西南，处于收缩的趋势。不过朝廷与西藏的联系不如前期密切，但始终掌握着西藏的主权，而今新疆、内蒙古、青海和甘肃的一部分在明朝大部分时间却都处于它的疆域之外。

至顺治十六年（1659 年），清军占领云南，南明桂王（永历帝）逃往缅甸；后施琅收复了台湾，清朝在拥有明朝全部疆域的基础上，又有了福建厦门、金门等地。

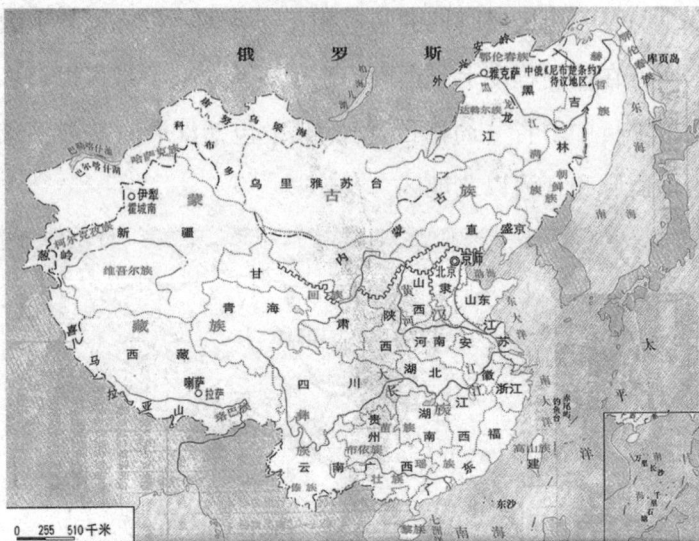

▲ 清朝疆域图

这样，从秦始皇灭六国，开疆拓土，建立秦帝国开始，经过了近2000年，中国终于形成了一个北起飞萨彦岭、额尔古纳河、外兴安岭，南至南海诸岛，西起巴尔喀什湖、帕米尔高原，东至库页岛，拥有1000多万平方千米国土的空前统一的国家。

中国的古代疆域表现了一定程度的类型和层次关系。如非大一统时期，各代疆域格局一般包括主要王朝辖区、民族政权控制区和各族生活区等类型。有关王朝政府也时常按照这些不同类型采取不同管辖和不同联系方式。在元清大一统时期，政府也根据内地与边远地区的不同采取不同管辖方式。

在古代疆域内，海南岛一直属于蛮荒之地，加之又面临大海，目之所及，水天一色茫茫无边，无怪会被人称为天地尽头、天涯海角了。

时光匆匆，千年疏忽而逝。当今的时代发展何其快，人们猎奇和追求极限的心情也与前时大不相同，天涯海角早已成为著名的旅游胜地，而昔日凄凉蛮荒景象不复。这种改变，谁说不引人沉思呢?

成语中的物理学

千钧一发：头发丝里蕴含的力学问题

《三国演义》中著名的一段，说的是司马懿率军 15 万奔西城而来，而守城的诸葛亮身边仅有 2500 人，以 2500 敌 15 万无异于以卵击石，

▲ 诸葛亮的空城计

在这危急时刻，诸葛亮携古琴一把，大开城门，登楼高唱"空城计"，终使多疑的司马懿退兵。人们说起这段故事，总觉惊心动魄，非"千钧一发"无以形容之。

"千钧一发"，又作"一发千钧"，本义是一根头发上系着千钧的重量。钧，古重量单位，30 斤为一钧。这个成语典出《汉书·枚乘传》："夫以一缕之任；系千钧之重；上悬无极之高；下垂不测之渊；虽甚愚之人；犹知哀其将绝也。"《列子·仲尼》篇："发引千钧，势至等也。"唐·韩愈《与孟尚书书》："共危如一发引千钧，绵绵延延，洼以微灭。"

这个成语比喻事情万分危急或紧要，已经到了极危险的地步，好像一根头发系着一千斤重的东西。说起这一根头发，所能承受的重量，倒真的是包含着一定的物理学道理。

早在先秦时期，墨家学派就曾经做过发辫悬挂重物的实验，结果是发现有的头发被拉断，有的头发不被拉断。这又是为什么呢？《墨子·经说下》记载："均发，均县（悬）。轻而发绝，不均也。均，其绝也莫绝。"意思是说，当头发共悬一件重物时，由于松紧不同，被拉紧的一部分头发承受了全部重量，尽管重量不是太大，但这些头发往往先被拉断，其他部分头发也相继断绝。于是，他们得出结论，假如重物的重量能够均匀地分配到每一根头发上，这些头发就一根也不会断。这在当时来说已经是十分科学的解释，可以看出有关力学上应力与压强的概念，同时通过实验观察现象再进行推论验证。

时至战国后期，学者公孙龙在上述墨家以发悬物解释的基础上，提出了"发引千钧"的设想，《列子·仲尼》篇说："发引千钧，势至等也。"这是和公孙龙几乎同时的公子牟的说法。意思是，毛发所以能引千钧那样重的物，是由于重物作用在毛发上的"势"到处相等的缘故。这里出现了一个新的概念"势"，尽管与现代的科学理念不同，但也在一定程度上反映了人们对力有了进一步的深入认识。

▲ 公孙龙

晋代张湛注《列子》"发引千钧"中云："夫物之所以断绝者，必有不均之处。处处皆均，则不可断。故发虽细而得秤重物者，势至均故也。"

现代科学研究证明，1根半径为0.05毫米的头发能承受100克重量，1平方厘米的头发则可承受重5吨以上的重物；如果用20万根头发编成一根发辫，则可承重 20 吨。听起来似乎很有些不可思议，我们可以精确计算一下"一发"到底能承受多少重量。

人的头发丝有粗有细，约在 0.04 ~ 0.08 毫米之间。这里取中值 0.05 毫米，而根据测量，一根头发丝被拉断时，大约需加力 0.9 牛顿；而若是比较粗的头发，如发径 0.08 毫米，拉断时需加力 1.9 牛顿，即人发的强度极限为 380 ~ 460 兆帕。而说到"千钧"，按唐代 1 斤合 596.82 克计，取头发丝的直径为 0.06 毫米，则可算出一根头发丝引千钧时所承受的拉力应为 62.1×10^6 兆帕。远远超出人发的强度极限 10 万多倍，这么看来，"一发引千钧"是一种语言学上的夸张。

▲ 粗细不一的头发

当然，如果是很多跟头发编在一起结成发辫，如前所述，情况就另当别论了。根据周代的尺度，千钧约合 7 万牛顿；而秦到西汉，千钧约合 7.6 万牛顿；东汉魏晋，千钧约合 6.5 牛顿。按这个最低限度，据前引试验数据，以拉断一根头发丝平均要 1.47 牛顿的力计算，并假定各头发丝受力均匀，那么，千钧的力足可拉断四五万根头发。若以发径平均为 0.06 毫米计算，并设想发绳能编成密实无间隙的圆形截面，则它的直径约为 13 毫米。由此看来，一根辫子"引千钧"还是很有可能的——只要它们受力均匀。

曾经发生过这样的事：夫妻二人登山游玩，丈夫不甚失足要坠落悬崖，妻子赶忙相救却使得自己也陷入危险，最后凭妻子的一头秀发缠绕在树枝上数小时，终为人所救。这时头发所能承受的重量，应该不比进入世界吉尼斯纪录的那个数据差，也许这便是爱的伟大——赋予了头发真正的"千钧"之重。

⭐ 刻舟求剑：参照系的选择与相对运动

小时候念过这样的词：

五里滩头风欲平，张帆举棹觉船行。柔橹不施停却棹——是船行。

满眼风波多闪烁，看山恰似走来迎。仔细看山山不动——是船行。

▲ 船与岸的相对运动

细细想来，这词中所示的船与河岸山林的运动关系是如此的明确清晰。若然有机会，真该让这位前人给那位在船舷上做记号的楚人讲讲道理——究竟什么是河岸、山林与人之间的相对运动，他大概也就不会闹出刻舟求剑这样流传千古的笑话了。

刻舟求剑，源自《吕氏春秋·察今》："楚人有涉江者，其剑自舟中坠于水，遽契其舟，曰：'是剑之所以坠。'舟止，从其所契者入水求之。舟已行矣，而剑不行。求剑若此，不亦惑乎?"这是说从前楚国有一个人过江时，剑掉进水里，他在船沿上剑掉下去的地方刻了记号，等船停下后，他便从刻有记号的地方下水找剑，结果没有找到。《吕氏春秋》用这个故事，原意是用来类比治理国家：时间、地点、条件已经改变了，措施方法不改变，以此治国是难以治好的。西汉·刘安《淮南子》卷十七《说林训》也说道："以一时之度制治天下，譬犹客之乘舟，中流遗其剑，遽契其舟楫，暮薄而求之，其不知物类亦甚矣。夫随一隅之迹而不知因天地以游，惑莫大焉。虽时有所合焉，然而不足贵也。"

▲ 刻舟求剑

古印度·僧伽斯那著、南朝·齐·求那毗地译《百句譬喻经》卷卜《岳船失钎喻》中也讲有类似的故事："昔有人乘船渡海，失一银钎（乐器或作钎，指武器）坠于水中。即便思念：'我今画水作记，舍之而去，后当取之。'行经二月，到狮子（今锡兰）睹国，见一河水，便入其中，觅本失钎。……问言：'失来二月，云何此觅?'答言：'我失钎时，画水作记，本所画水与此无异，是故觅之。'又复问言：'水虽不别，汝昔失时乃在于彼，今在此觅，何由可得?'尔时众人无不大笑。"

刻舟求剑，这个成语用来比喻拘泥固执，在客观环境发生了变化的

Wuchubuzai De Kexue Congshu

情况下，不知道随着情势的变化而变化。它作为一则寓言，嘲笑了失剑者的迂腐、呆板。"治国无法则乱，守法不变则悖"，只有"世易时移"、"因时变法"才是"贤主"。而作为成语，这其中实际涉及了运动的相对性问题。"刻舟求剑"这个故事虽然没有具体讨论参照系问题，但从中可以看出，古人显然知道取剑的参照系及简便的方法。

从物理学的角度分析，刻舟求剑的人选错了参照系。因船相对剑是运动的，则船和剑的相对位置在不断地发生变化，确定剑的位置应选择与剑的相对位置不变的物体为参照物，如岸上的石头、树木、花草等。

其实，关于河岸、河水和船三者到底谁在运动的问题，的确曾经困扰过古人，因而便有了后来认真的探讨。晋代天文学家束皙认为："乘船以涉水，水去而船不徙矣。"这里，束皙是把整条河当做参照系的。当横渡江河时，如果保持船与河岸的垂直状态，船与河岸的相对位置就不会改变，而河水却随时地改变自己与河床（或船）的相对位置。这就使他得出了关于船与水谁在运动的结论。当然，渡船中的人不观察河岸时，也只觉得水在流动，而船不运动。而事实上，取大地为参照系，如果船开始渡河，就算保持着船头与河岸垂直，受到流水不断运动的影响，船也会落到垂直点的斜下方。

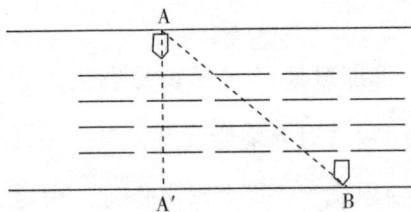

▲ 船行过河示意图

船与河岸的关系问题，这大概是最简单的、最易被发现和认识到的相对运动实例。南朝梁元帝萧绎（508~554）在题为《早发龙巢》的诗中写道："不疑行舫动，惟看远树来。"

同时，古人也注意到天上的相对运动现象。束皙写道："仰游云以观，日月常动而云不移。"当然，急速飘动的其实是云，但是若以云为参照系，那么便是月亮在移动了。晋代葛洪写道："见游云西行，而谓月之东驰。"《晋书卷十一天文志》更解释道："天旁转如推磨而左行，日月右行，随天左转，故日月实东行，而天牵之以西没……"唐代诗人张继写的著名七绝诗《枫桥夜泊》中有诗句"月落乌啼霜满天"，"月落"就是以地球为参照物的。这些例子，都是相对运动得出的结论。可见，我们的古人虽然没有建立明确的物理系统关系，但是对相对运动已经有了一定程度的认识和了解。

▲ "月落乌啼霜满天"的意境

从科学的角度来说，丢了剑的楚人，大概有两种方法可以找回。其一是以河岸以及大地为参照系，记住剑掉落江中的位置或离岸上某标志的方向、距离。第二个方法麻烦了些，不过也并非不可行。便是"刻舟求剑"也无妨，只是要明白这只是第一步，继而还要根据船速和航行时间、剑掉落江中的时间，求出靠岸船与剑掉落地点的距离。这包含着一次参照系的转换，在这个事例上看似简单问题被复杂化了。不过在其他更高深问题的解答上，这没准儿就是一条康庄大道。

所以，刻舟求剑也未必一定是错，错的是做事情浅尝辄止、动辄退缩。若然往深一步，天地有可能就是另一番光景了。

⭐ 五颜六色：古人对光和色散的认识

暮春时节下江南，在潺潺流水边一走，漫山遍野莺飞草长、各色花开，原是万紫千红开遍、叫人目不暇接。远远看去，五颜六色，好似水彩画一样动人。

▲ 江南的春天

五颜六色，出自清·李汝珍《镜花缘》第十四回："惟各人所登之云，五颜六色，其形不一。"巴金《春》七："淑英刚跨进门槛，就看见好几个人站起来，五颜六色的衣服几乎使她的眼睛花了。"形容色彩复杂或花样繁多。今也常比喻各色各样或事物令人分辨不清。

说起来，成语中提到颜色的有不少，比如"五彩缤纷"、"五色斑斓"、"五光十色"、"目迷五色"等等。但是这些词都有一个共同之处——都会涉及"五"，而不是我们今天熟知的光谱色"七"或者三原色"三"之类，这又是为什么呢？

这就要从中国古人对颜色的认识说起了。早在新石器时代，人们就已经懂得利用天然矿植物制作原始颜料。从西安半坡遗址出土的彩陶可见，其图案已用红、白、黑三种颜色描绘；湖北京山屈家岭遗址出土的彩陶，有褐色和橙色的花纹。

▲ 出土于西安半坡遗址的彩陶

另一方面，古代耕和织是最重要的生存手段。中国最早发明了丝，并把它运用于丝绸业。与纺织相应，中国的染色业发展得也较早。据古书记载，早在两三千年前我国的染色技术就已具备了很高的水平，并且有了专门从事染色的染匠。丝绸染色对颜色的影响，表现在产生了一系列以糸部为义符的颜色字。《说文》记载的糸部颜色字有：缚、缟、绿、缥、绡、练、纁、綦、绌、绛、绾、缙、绮、缇、缘、紫、红、繺、绀、綟、缲、缁、绕、缫、缤、缅、绢。新附字有：绌、绯、缎。古人对颜色类别差等观察得异常精细，即使是非常近似的颜色，也要详加区别。例如表示红色的练、红、赤、绛等，根据细微差别而分做四色；缘、缇现在都叫橙色，而古人又分为二色。

随着时间推移，古人开始对颜色进行基本的归类，"五色"的概念便产生了。"五色说"是在中国传统的"五行说"影响之下产生的。"五行说"是中国古代哲学的一种基本思想，五行指木、金、火、水、土五种基本物质。在五行的基础上，古代的哲学家、思想家又衍发出五方——东、西、南、北、中。五方可与五色相配。《礼记·玉藻》孔颖

▲ 今人复制出的古代丝绸衣物

达疏引皇氏云："正谓黄赤青白黑，五方正色也。"《尚书·禹贡》记载，五色是指青、赤、黄、白、黑五种颜色。这大概是关于五色最早的记载。随着五行说的地位不断巩固和提高，五色说在古人的观念中逐渐形成固定模式。

古人认为，宇宙万物虽然千差万别，但均可归于五行之列。基于这种思想，他们认为绚丽多彩的种种色品也都由五色构成。正所谓"色不过五，五色之变不可胜观也"（《孙子兵法·势篇》）。《周礼·考工记·画缋》："画缋之事，杂五色，东方谓之青，南方谓之赤，西方谓之白，北方谓之黑，天谓之玄，地谓之黄。"五色、五方是由五行附会衍生而成，与五行一样都是古人朴素的唯物主义自然观，借以说明事物构成和运动的规律。五色指古人所说的正色，除五种正色外，古人还有间色之说。

《礼记·玉藻》孔颖达疏引皇氏云："不正为五方间色也。绿、红、碧、紫、骝黄是也。"古人认为黄青之间是绿，赤白之间是红，青白之

▲ 中山公园：五色土

间是碧，赤黑之间是紫，黄黑之间是骝黄。把五行之色视为正色，余色皆为间色，且认为间色是由正色相杂而成，这种"正色—间色"学说可以认为与现代的"三原色"理论有相通之处。从现代色彩学观点来看，正色确实是重要的基本色。目前印刷、印染和油漆技术中仍广泛使用蓝、红、黄三种颜料，以不同的比例调和配成各种彩色，因而称之为"三原色"。至于黑和白则视做决定色彩明度的两端。古人把青、赤、黄、白、黑定为"正色"，是对基本色的正确认识和运用。

对"正色"和"间色"的区分，是与政治活动联系在一起的。春秋末期盛行宗法制，以等级为基础的儒家伦理道德观主张一切社会关系都不能超越等级的规定，以达到"贵贱有等，长幼有差"（《荀子·礼论》）的社会秩序。儒家尚礼，礼的核心是别尊卑，明贵贱。反映在色彩上，就是正色为尊，间色为卑。在服装的颜色上有明确的等级制度，所着服装的颜色十分讲究。孔子就曾为了维护周礼，极力贬抑紫色，《论语·乡党》："君子不以绀緅饰，红紫不以为亵服。"即绀、緅、红、紫都是间色，君子不以之为祭服和便服的颜色，且"恶紫之夺朱也"（《论语·阳货》）。

五色说无疑有它的进步意义。但是，随着光学认识的发展，五色观念却妨碍了古人对丰富多彩的光色散现象做客观的描述和分析。

自然界常见的色散现象有虹霓和晶体散射两类。"赤橙黄绿青蓝紫，维持彩练当空舞。"彩虹自古为人所喜爱并早在商周时代，就有对虹的观察认识。如《楚辞·远游》描写虹："建雄虹之采旄兮，五色杂而炫耀。"唐初孔颖达指出，"日照雨滴"是虹的成因。宋代孙彦先解释："虹乃余种日影，日照雨则有之。"百年后朱熹进一步指出："虹非能止雨夜，而雨气至是已薄，亦是日色散射雨气。"这比西欧培根（1214～1294）主张虹是空中无数水滴多引起的说法早了一两百年。南宋程大昌对单个水滴的色散现象做过仔细观察，在《演繁露》中写道："凡雨初鬓，或露之未啼，其余点缀于草木枝叶之末，欲坠不坠，则皆聚为圆点，光莹可喜。……五色具足，闪烁不定，是乃日之光品著色于水，而非雨露有此五色也。"

虹是天然的色散现象。关于虹的形成，直到300年前捷克科学家玛尔其用三角柱玻璃将阳光散成彩虹，才得到比较科学的解释。

关于晶体色散现象，其实比玛尔其还早400多年，我国医学家寇宗奭著作《本草衍义》（1119年印行）就有用菩萨石把阳光散成五色圆光的记载："嘉州峨眉山石与五台山石相似，出岩窦中，名菩萨石，其色莹洁，状如泰山狼牙、信州永昌之类，映日射之，有五色圆光，其质六棱，则光彩微茫，间有小如樱珠，则五色粲然可喜。"

寇氏的记载中明确指出了这种石材是一种透明的六棱晶，可见引起

▲ 彩虹

色散现象不独是三棱镜。后来明代陈文烛在 1575 年写过的峨眉山记以及明代天台人士王氏于 1588 年写过的游记也都记载了这种石头以及色散现象。后者不仅见到并收藏了这种"放光石",而且指出了铜鼓门隙用阳光照射的过程。此后,明代大科学家李时珍在《本草纲目》中记载了这种"菩萨石":菩萨石,又名放光石。金石部还有"菩萨石"一条,指明其可以散射阳光,以及在医药上的价值。

北宋《杨文公谈苑》中记载:"上饶水晶之类,日射之有五色。"明末,著名学者方以智对前人观察到的各种色散现象做了全面总结,他在《物理小识》中写道:"凡宝石面凸则光成一条,有数棱者,则必有一面五色。如峨眉山放光石,六面也;水晶压纸,三面也;烧料三面水晶,亦五色。峡日射飞泉成五色;人于回墙间向日喷水,亦成五色。故知虹霓之彩,星月之晕,五色之云,皆同此理。"

由上述可看出，我国古代色散理论以五色说为基础。古人认识到日光被透明体散射后产生五色。这就是我国从战国至清初所达到的认识水平。中国秦汉前关于虹等色散现象的认识水平与亚里士多德所代表的西方水平不相上下，而且《楚辞》的创作时代与亚氏生活的时代也基本一致。但中国古人历经2000余年的观察研究，直到方以智关于虹等色散现象的描述，仍然未脱五色说之窠臼；而西方经历了同样时间的研究后，却得出了正确的七色说，并且用反射和折射理论成功地说明了色散现象的机理。就有可靠文献证据的时间而论，中西大致相当，都是从公元前4世纪前后到公元17世纪中叶；就实践经验而论，中国从先秦至清代，各个时期都有不少人对各种色散现象作过观察研究，所积累的经验知识和留下的史料不比西方少；就研究方法而论，中西都运用了观察和实验方法，而且程大昌对单个水滴的观察研究比笛卡儿的玻璃水球实验早500年左右。因此，从这几方面来看，中国绝不比西方逊色。但中国却未能达到西方那样的结果，大概原因有二：一是中国古代对光的折射性质认识不足，二是受五行五色观念的束缚。前者影响了古人对色散机理的深入理解，后者制约了古人对色散现象的详细观察和描述。

五色说，一方面体现了古人对颜色的超前认识，另一方面也制约了色散学的发展。

⭐ 海市蜃楼：古人对光的折射的认识

在沙漠中行走，漫天风沙，一望无际。古往今来，不知有多少人在艰难跋涉的路途中看见了希望的绿洲，待走到筋疲力尽，才发觉只是美丽的幻象。大自然像是个调皮的孩子，得意地像我们展示自己鬼斧神工的魔法——海市蜃楼。

▲ 沙漠中的海市蜃楼

海市蜃楼，汉代称蜃气，典出《史记·天官书》："海旁蜃气象楼台，广野气成宫阙然。"古时的人们不懂光学原理，以为海中有神兽名蜃，每逢春夏之际，便开始吞云吐雾、继而吐气形成瑰丽奇异的景观。

《礼记·月令》中云"雉入大水为蜃"，其注曰"大蛤曰蜃"。可知古人一度认为蜃便是大蛤。《古今图书集成》中亦沿用这种古老的说法，并配以图画《蜃图》以示大蛤吐气、海现幻影的情景。

▲ 海市蜃楼

　　然而，这样的解释并不能让每一个人满意。古时不少有识之士，都对这种说法表示了怀疑。比如唐宋八大家之一的苏轼苏东坡，于元丰八年（1085）在登州（今山东蓬莱）军州赋诗《登州海市》：

　　东方云海空复空，群仙出没空明中。

　　荡摇浮世生万象，岂有贝阙藏珠宫。

　　心知所见皆幻影，敢以耳目烦神工。

　　……

　　而宋人沈括《梦溪笔谈·异事》中有更科学的描述："登州海中，时有云气，如宫室、台观、城堞、人物、车马、冠盖，历历可见，谓之海市。或曰蛟、蜃之气所为，疑不然。"

时至明清，学者郎瑛、陈霆、方以智等人对海市蜃楼的现象又做了新的探讨和研究，提出了很接近现代科学解释的说法。郎瑛《七修类稿》（1530）中说"登州海市，世以为怪，不知有可格之理。第人碍于闻见之不广，故于理有难穷"，但"观其所见之地有常，而所见之物亦有常。又独见于春夏之时，是可知也"。

在这本书中，郎瑛介绍道，海市蜃楼不仅仅在山东蓬莱出现，在陕西、浙江、广西等多处都有，并反诘道："岂三方所见，亦鬼怪也邪。"继而提出了自己的解释："春夏之时，地气发生，则于水下积久之物而不散者。熏蒸以呈其像也。……或新结气空中，遇天地氤氲，则随气以见。"意思就是说，海市蜃楼这种现象其实是由于地气不散，上下不通的气交织在一起而形成的。而陈霆在此基础上，又有了更进一步的解释。

▲ 秦皇岛的海市蜃楼

嘉靖十八年（1539），陈霆在《两山墨谈》中提到了安丰塘的海市蜃楼，然后说明："然城郭人马之状，疑塘水浩漫时，为阳焰与地气蒸郁，偶尔变幻。而见者，寡知识遂妄云已耳！"这其中就更突出强调了在不同的空气层中，上层是在日光中浮动的尘埃，而下层则是潮湿的地气，彼此作用方形成蜃景。虽然郎瑛、陈霆二人没有触及更本质的形成机理，但仅仅是提出大气层在垂直方向上的不均匀以及太阳光的作用，就已经是朝着科学向前发展一大步了。

▲ 海上海市蜃楼

到了 1664 年，著名学者方以智在其著作《物理小识》中说道："海市或以为蜃气，非也。"接着方以智转引张瑶星的记述："登州镇城署后太平楼，其下即海也。楼前对数岛，海市之起，必由于此。"这其中说的"数岛"是指与蓬莱遥望相对的庙岛群岛。从中看出，张瑶星、方以智明确认为海市蜃楼既非仙山琼阁，又非蜃气所致，而是现实的岛屿、城镇景色在大气不均匀层中的反映。

清代初年，学者揭暄在张、方观点的基础上，在《物理小识》一书中注释道："气映而物见。雾气自涌，即水汽上升者，水能照物。故其气清明上升者，亦能照物。"揭暄还与持有相同观点的游艺一起，绘制了一幅《山城海市蜃气楼台图》，然后在《天经或问后集》中云："水在涯浒，倒照人物如镜，水汽上升，悬照人物亦如镜。或以为山城海市蜃气，而不知为湿气遥映也。"这时候人们已经认识到海市蜃楼其实正是实际景物在大气中的反应，这种"气映"解说，可以说是充分体现了我们的祖先对于海市蜃楼中蕴含的科学道理的认知。

在现代光学中，海市蜃楼其实是光线在空气中被折射，再加上全内反射的结果。

要明白海市蜃楼的成因，首先要明白光线为什么会在空气中折射。原来，不同温度的空气都有着不同的折射率，就好像许多不同的介质一样。靠近地面的空气较热，折射率较低。我们可以把空气想象为许多层的介质，而每一层的折射率都不同，越接近地面，折射率越低。因此光线在空气中行走时，路线便如图所示：

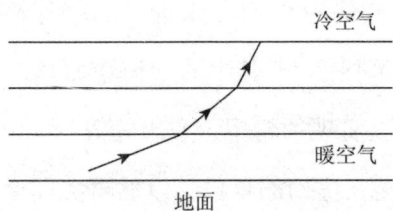

▲ 在温度随高度变化的空气中，
光线因折射而走出弯曲的路径

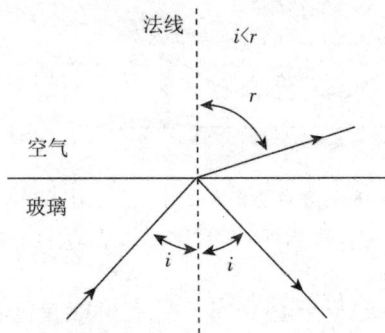

▲ 光线由玻璃到空气时所产生的折射现象
（注意入射角 i 比折射角 r 小）

如果光线微微倾斜地从玻璃射进空气，一部分的光线会被反射回去，另一部分就会被折射，从玻璃中走出来。由于玻璃的折射率较空气高，所以折射角总是大于入射角。当入射角越来越大，被折射的光线便会越来贴近空气与玻璃的界面，直至入射角大于临界角度，光线便只会被反射，而不会折射出去。这个现象叫做全内反射。

现在明白海市蜃楼的成因了吗？如下图所示，假设有个绿洲，它在 A 点发出的光线被空气折射，走一条弯弯的路径。在 B 点，光线发生全内发射，使光线往上走。之后，光线再次被空气折射，最后光线会进入站在 C 点观测者的眼睛，使观测者形成错觉，误以为绿洲就近在眼前。

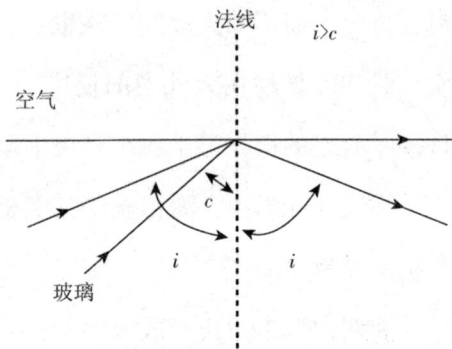

▲ 当入射角 i 大于临界角度 c 时，便产生全内反射

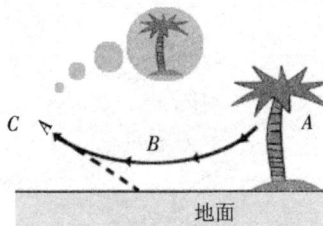

▲ 海市蜃楼发生时，光线所走的路径

因此，海市蜃楼在现代常用于比喻虚幻的事情。比如叶初林在《危言耸听》中写道："城里富人一掷千金的生活，对这帮生长在山旮旯的穷哥们儿来说，那就像海市蜃楼般不可捉摸。"其中的"海市蜃楼"，就是形容难以实现的希望、空想等等。

眼见未必为实，还有可能是海市蜃楼。虚幻的景象，纵然再美丽夺目，也不过镜花水月。我们的祖先用了足足 2000 多年艰难探索，才弄明白了大自然的诡计，而当你遇到这样的蜃景，又要用多久才能分得清现实与虚幻、真理与谎言？

沉李浮瓜：古人对浮力的认识

　　夏日炎炎，太阳毫不吝啬发挥光与热，反复烤着路上每一个行人。在这似火烧的天气里，能吃上一顿冰镇水果或是灌下一瓶冰镇饮料什么的，真可谓是人间一大享受。古时的人们没有冰箱，只能用天然的水来做冰镇材料——所谓沉李浮瓜，就是这种生活的写照。

　　沉李浮瓜，典出三国时代魏·曹丕《朝歌令吴质书》："浮甘瓜于清泉，沉朱李于寒水。"指暑天把瓜、李等放在冷水中浸凉后食用，也泛指暑天在冷水中浸凉后食用的瓜果。

▲ 沉李浮瓜

元·马致远《新水令·题西湖》："恁般楼台正宜夏，却输他沉李浮瓜。"明·凌蒙初《初刻拍案惊奇》："这样时候，多少王孙公子雪藕调冰、沉李浮瓜也不为过。"宋·李重元《忆王孙·夏词》："过雨荷花满院香，沈李浮瓜冰雪凉。"这个成语，后来就用来形容夏日的生活。

沉李浮瓜，其实还很清晰地揭示了一个物理学知识：浮力。大家知道，密度大于水的物体置于水中，就会下沉；密度小于水的物体则会漂浮；密度与水相当的，则会呈现悬浮状态。而一般瓜类如东瓜、南瓜等内部都有空心部分，正因如此，其重量比同体积的水要轻，即平均密度比水要小，当它们全

▲ 南瓜

部浸没在水中时，$F_浮 > G_瓜$，即瓜类均要上浮，直至漂浮于水面 $F_浮 = G_瓜$。而李子、桃子等果实内均有核仁，因此把它们放入水中时 $F_浮 < G_瓜$，会下沉于水底。因此古人说"瓜浮李沉"而不说"瓜沉李浮"，形象地说明了这种情况。

大家所熟知的浮力原理 $F = \rho gh$ 被称为阿基米得原理，传说是他坐在澡盆里看见水溢出而想到的。关于这个定量公理的发现还有著名的金银王国的故事，不过其实在中国古代，早在殷商时期，我们的祖先就开始认识和应用浮力了。我国是世界上应用浮力最早的国家之一。

当时，浮力的第一个贡献是船。

▲ 李子

人们最早利用较大的独木，从中间挖成槽形，放在江河的水中漂流，称为独木舟，用它来载人和装运收获的猎物。后来又发展到用木板做成船体，在江河中代替独木舟航行。随着生产和技术的发展，以后各个朝代对船的形状和结构又进行了多次改进，使木船不仅能在内河、湖泊中航行，还制造了能适用于大海、大洋中航行的大型船舶。

明朝时的郑和出使西洋用的大型"宝船"船队，其船体在结构上合理、精致、美观，都达到了古代造船工艺史上的巅峰。这一伟大的成果，是古代造船史上非常光辉的业绩，是我们祖先对世界航海事业作出的伟大贡献。

浮桥是我国古代历史上应用浮力的伟大奇迹，在公元前8世纪周朝时就得到了广泛的应用。在以后的年代，发展到不仅可以在小河上架起浮桥，而且像黄河这样的大河上也架起了浮桥。相传在11世纪初，在蒲州附近潼关以北的黄河上曾架起一座很大的浮桥，浮桥的缆绳用8只铁牛系住，这些铁牛立于两岸，每只铁牛重数万斤。后来由于洪水泛滥，浮桥被冲垮，铁牛也沉入河中。如何把铁牛打捞起来，在当时的条件下，是比较困难的。和尚怀丙派人潜入水中，用铁索把铁牛和两只装满泥土的大船系在一起，然后再把船中的泥土除去，利用大船所受的浮力，把铁牛拉上来。

对于阿基米得发现的浮力原理，早在《墨经》中就有萌芽：

▲ 仿古郑和宝船

第一段："荆之大，其沉浅，说在具。"（《墨经·经下》）其中"荆"，应作"刑"，"刑"与"形"通，意思是"形体"、"物体"。"说在具"的"具"，通"俱"，意思是"相同"，可引申为"平衡"。所以这段文

▲ 怀丙利用水的浮力将铁牛捞了上来

字的大意是："形体大，在水中沉下去的部分浅，道理在于平衡。"平衡可理解为物体的重量与它所受到的浮力相等。

第二段："沉，荆之贝也。则沉浅，非荆浅也，若易五之一。"（《墨经·经说下》）。其中"荆之贝也"的"贝"，疑为流传转抄中的"具"的笔误。如果是这样，这段话就是："物体沉到水中，得到平衡。即使它沉下去的部分很浅，并不是它本身矮浅（而是物体重量跟所受浮力相比较的结果），就如交易，根据比价，一件商品可以换五件别的商品。"

而曹冲称象的故事更是大家耳熟能详的。《三国志·魏书》记载："邓哀王冲字仓舒，少聪察歧嶷，生五六岁，智意所及，有若成人之智。时孙权曾致巨象，太祖（曹操）欲知其斤重，访之群下，咸莫能出其理。冲曰：'置象大船之上，而刻其水痕所置，称物以载之，则校可知矣。'太祖大悦，即施行焉。"这个千古传诵的故事，说明曹冲已经对浮力原理有模糊的认识。

中国古代运用这个浮力原理的事情，曹冲其实并不是第一人。早在东晋，略阳临渭（今甘肃秦安县东南）人苻子（名郎，字元达）所著《苻子》一书上记载：战国时期，北方人献给燕昭王一只野猪。燕昭王派人养了它15年。这只野猪长得像个大坟墓一样大，4只脚简直无法

▲ 曹冲称象

支撑身体了。燕昭王命"衡官"用大秤称它有多重,秤杆断了 10 次,还是称不出野猪的重量。于是,燕昭王命"水官浮舟而量之"。《苻子》五卷早已失传,迭文散见于后人的著述中。上面引用的那个故事就保存在南宋人吴曾写的《能改斋漫录》里。吴曾在援引《苻子》之后,指出:"以舟量物,自燕昭时已有此法,不始于邓哀王。"清代学者邵晋涵也赞成吴曾的这种说法。上述这些记载都说明了,我国古代对浮力和浮力原理有着一定程度的认识,并能加以利用。

浮力的另一个利用方式——利用物体的沉浮原理估测液体的密度,在我国的宋、元时代已经开始。根据有关文献记载,密度的测定主要是和古代的制盐业密切联系的,即由于估测盐水的需要,发展了液体密度的测量技术,为晒盐业提供了条件。

11 世纪,姚宽在台州做官时,为了检查盐商是否舞弊,他首创了一种简单的估测盐水密度的方法。选用体积大体相同,而质量不同的莲子 10 粒,当把莲子放在盐水中时,如果这些浮沉子——莲子有 5 粒以上浮起,说明盐水是最浓的;如果有三四粒莲子浮起,说明此盐水是浓盐水;如果不足 3 粒莲子浮起,说明此盐水是稀盐水。

到了元代，经进一步改进，制造了便于携带的简单装置。取4个莲子，分别用4种不同浓度的盐水浸泡，放在一个竹筒内，便成为简单的测定盐水浓度的装置。如果要测某种盐水的浓度，只要把待测盐水的一小部分装入筒内，观察各类莲子浮起的情况，便可以估测盐水的浓度。

到了明代，测定盐水浓度的方法进一步简化，选一粒轻重合适的莲子，放在竹筒内，当把待测的盐水放入竹筒中时，如果莲子浮在水面上成横倒形，则盐水最浓；如果成垂直形，则盐水次浓；如果莲子沉而下浮，则盐水不浓。我国古代这种简单估测盐水浓度的方法，与现代密度计的原理相似，这说明我国古代对浮力的研究与应用已经相当深入了。

墨子大约生活在公元前480年至公元前397年。他死后100多年在希腊诞生的阿基米得（Archimedes，约公元前287～前212），才对浮力原理进行了明确的表述。那么为什么中国古人没有发现浮力原理呢？

我们就曹冲称象这个故事来说，当时显然已经知道：如果称象和称石头时排出的水相等（反映在船下沉的程度上），两次的船和所载之物的总重量也相等。这个结论是很自然的：试想如果把同一头大象称两次，很容易观察到两次排出的水量相等。既然是同一头象，重量当然是相等的。由此可见所称之物的重量跟水量有固定的比例？那么，称不同的东西，只要排出水量相等，两个东西的重量也应该相等。我们古代的智者所能走到的就是这一步。

古人所没有做到的一步是，所称之物的重量究竟跟排水量（排水重量）的关系如何？更具体地说，是什么样的一个比例。也就是说，如果排水量跟所称之物的重量有固定的关系，更精确地说，有固定的比例，假设是一个常量 C，那么，应该有这样的公式："所称之物重" = $C \times$ "排水重量"。要求出这个 C，就需要做试验，称一下排出水的重量，然后跟所称之物的重量比较一下。古人没有（至少是记载中没有）

去做这个实验。阿基米得做了，而且实验的结果是 C 为 1，即浮力（平衡物体下沉的力）正好等于排出水的重量。

▲ Peter Flotner 的木雕作品，展示了
阿基米得发现浮力原理的过程

中国古代智者没有做到的另一步是，没有想到沉下去的东西是否也同样受到浮力的作用。而这一点阿基米得在洗澡时感悟到了，并且又进一步做了实验去证实。在这里，阿基米得充分利用了类推思维，把浮在水面上的物体受到的浮力作用，推广到了作用于沉下去的物体上。

这两个差别反映了什么问题呢？反映了中国古代智者缺乏追求"普遍性"、"普遍规律"的冲动，而停留在对个别现象的观察上。"常量"是个普遍性的数量。把浮力推广到也能作用于沉到水下的东西，那也是一种对普遍性的追求。

此外，第一个差别也说明了古代智者缺乏对"精确性"的追求，停留在排水量跟所称之物的重量具有某种相关性的水平上，而没有把这种相关性进一步量化。

普遍性和精确性，这都是科学的基本特点。缺乏追求普遍性和精确性的冲动，自然产生不了科学。

沉李浮瓜，这个成语背后的故事启示了我们，科学往往是对常识的追根寻底的思考和推广。

⭐ 一泻千里：古人对水能的认识与利用

若你去过壶口瀑布，只怕心里也只能浮现出李白的诗句："君不见黄河之水天上来，奔流到海不复回。"那种气势，言语难以形容——万马奔腾，回声阵阵，真正一泻千里。

▲ 壶口瀑布

一泻千里，泻，水向下急流。形容江河奔流，流得又远又快。典出宋·陈亮《与辛幼安殿撰书》："长江大河，一泻千里，不足多怪也。"明·焦弦《玉堂丛语·文学》："其文如源泉奔放，一泻千里。"杨得志《大渡河畔英雄多》："每当读到它，我就抑制不住内心的激动，想起浩浩荡荡一泻千里的大渡河，想起廿二年前红军先遣团十八勇士强渡大渡河的一幕。"现在这个成语也用来比喻文笔气势奔放。茅盾《一九六零年短篇小说漫评》："由于行文应当服从故事的发展，这篇小说的调子是一泻千里，先慢后急。"柳青《王家父子》："社会主义革命的浪潮一泻千里，一个浪头比一个浪头更高。"

春秋时期杰出的军事家孙武在论述其用兵之道时，以流水作为比喻。他说："激水之疾，至于漂石者，势也。"即从高处流下的迅猛的水流，可以冲动河床中的巨石。又说："武之所论，假势利之便也，……而我得因高乘下建瓴，走丸转石，决水之势。"战国末年吕不韦也常用水流运动作为比喻，例如"夫激矢则远，激水则悍"，"决积水于千仞之溪，谁能当者"，都注意到水流具有动能和势能，以及动能和势能之间的转换关系。

从物理学的角度来分析：根据能量守恒，能量既不会凭空产生，也不会凭空消失，它只能从一种形式转化为另一种形式，或者从一个物体转移到别一个物体，在转化或转移的过程中其总量不变。在只有保守力做功的情况下，系统能量表现为机械能（动能和势能），能量守恒具体表达为机械能守恒定律。所以，在一个系统内，动能和势能可以相互转化。对于一条河来说，当相对高度越高时，水落到低处转化的动能越多，动能越多，则速度越大，用公式表达即 $mgh = \frac{1}{2}mv^2$。"江河水势汹涌、奔腾直下"正突出了江水的流速大。

我国地势西高东低，有着比较丰富的水利资源可以利用。积蓄水体的势能，然后决泄之以攻淹敌军，是春秋战国时常用的军事手段。公元前457年，智伯在攻打晋阳（今太原）的战役中，"遏晋水以灌晋阳"，即筑坝拦截晋水，提高上游水位的事例。以水代兵的战例在黄河下游被更多地运用，那是由于黄河下游河床淤积，形成地上河，有较平地为高的地形可以利用的缘故。

我国古代对于水流的动能和势能及其相互转换的认识，体现在水利方面的运用。元代初年，著名农学家王祯在其所著《农书》中专设一节利用门，系统汇编了利用水流能量做功的各种农业加工机械，例如水磨、水排（水力鼓风机）、水碾、水砻、水转连磨、水碓、水转大纺车等；在灌溉门中也介绍了一些利用流水作动力的灌溉机械，例如筒车、水转翻车、水转高车等，其中对于水流能量的利用和转换有清晰的阐述。有的机械主要利用水流动能，例如在流速较高的河中，可以修建用陂栅等挡水建筑物拦断大半河床，"俱使傍流急注，贴岸置轮，高可丈余，自下冲转"的撩车碓；有的主要利用高处的水流所积蓄的势能，引至水力机械处，转换为急流动能，再冲动动力装置，如"上用木槽引水，直下射转轮板"的斗碓等。

这些水利设施中，水车可以说是最古老、也是利用时间最长的一种，直到今天，在南方一些地方还可以见到它的身影。水车的发明和使用，是我国古人利用机械能转化的一个重要实例。

▲ 水车一例

民间最早的汲水用具该是"桔槔"。《庄子·外篇·天地篇》中记载，子贡南游，返途路过汉阴时，看到一个老丈人辛苦地抱瓮汲水灌溉，事半而工倍，于是告诉老翁一种省力的器具，名曰"槔"。它的制作方式是："凿木为机，后重前轻，挈水若抽，数如沃汤。"也就是用一条横木支在木架上，一端挂着汲水的木桶，一端挂着重物，像杠杆似的，可以节省汲水的力量。从抱瓮灌地到桔槔汲水，初步利用器械，可以说是水车发明的先驱。

中国正式记载中的水车，则大约到东汉时才产生。东汉末年灵帝时，命毕岚造"翻车"，已有轮轴槽板等基本装置。又有一说三国时魏人马均也有翻车的制造（《三国志·魏志》卷二九杜传裴松之注）。不论翻车究竟首创于何人之手，总之，从东汉到三国翻车正式的产生，可以视为中国水车成立的第一阶段。水车的发展到了唐宋时代，在轮轴应用方面有很大的进步，能利用水力为动力，造出了"筒车"，配合水池和连筒可以使低水高送。不仅功效更大，同时节约了宝贵的人力。

南宋张孝祥在《题能仁院壁诗》中大赞其曰："转此大法轮，救汝旱岁苦。"可见此水车对农事帮助之大。到了元明时代，轮轴的发展更进步。一架水车不仅有一组齿轮，甚至有多至三组，而且有"水转翻车"、"牛转翻车"或"驴转翻车"，可以依风土地势交互为用。这项发展，使翻车的利用更有效。翻车自东汉三国时代发明以来，一直停滞在人力的运转。至此，利用水力和兽力驱动，使人力终于从翻车脚踏板上解放。同时，也因转轴、竖轮、卧轮等的发展，使原先只用水力驱动的筒车，即使在水量较不丰沛的地方，也能利用兽力。

另外，还有"高转筒车"的出现。地势较陡峻而无法别开水塘的地方，也能低水高送，有所开发。这是中国水车发展的第三阶段。元明之后，中国水车的发展便再没有多少突出的成就了。

这种古老的提水灌溉工具，一般车高 10 米多，由一根长 5 米，口径 0.5 米的车轴支撑着 24 根木辐条，呈放射状向四周展开。每根辐条的顶端都带着一个刮板和水斗。刮板刮水，水斗装水。河水冲来，借着水势缓缓转动着 10 多吨重的水车，一个个水斗装满了河水被逐级提升上去。临顶，水斗又自然倾斜，将水注入渡槽，流到灌溉的农田里。

▲ 古代水车

中国自古就是以农立国，与农业相关的科学技术取得了卓越的成就。水利作为农业中最不可缺的一环，各朝政府动用大量人力物力致力于兴修水利工程。水车这种工具弥补了灌溉渠道或运河大都分布在各大农业区的缺点，在高地或是离灌溉渠道及水源较远之地，也可以有水灌溉。

几千年来，大大小小河水奔流不息，哺育了无数华夏儿女。老子曰："上善若水，水善利万物而不争。"童话《野天鹅》中的巫婆告诉小公主，要解救你的哥哥们，你的手就要比水还要柔软。古曰天一生水，而一生二，二生三，三生万物。或者，你还能从世间至柔至阴又至强的水身上，悟出点别的什么。

一叶障目，不见泰山：古人对光的认识历程

鸵鸟是一种体型巨大的鸟，生于非洲。它空有"鸟"名，却不会飞翔，只能仗着自己的双腿奔跑。据说当它遇到危险避无可避、逃无可逃之时，就会把头埋在地下，仿佛眼不见为净，眼不见则险不存。我想，这种鸟要是生在中国，倒是可以省去在地下挖坑的功夫了，不过是睁眼不见，古人早告诉我们：一叶障目，不见泰山。——一片小小的叶子就足够了。

▲ 鸵鸟

一叶障目，不见泰山，语出扫叶山堂《百子全书》第五册载春秋·楚·鹖冠子《鹖冠子·卷上·天则》："昔者有道之取政，非于耳目也。夫耳之主听，目之主明，一叶蔽目，不见泰山；两豆塞耳，不闻雷霆。道开而否，未之闻也。见遗不掇，非人情也。"鹖冠子，是周朝时的楚

国人，因他隐居山中常以鹖的羽毛作为冠饰，因而得名。《汉书·艺文志》中有其篇。上面引文是讲"圣人之政，恃道不恃耳目"时讲的，意思是说，过去圣贤对待是非，不是仰仗耳闻目睹。如果一片树叶遮住了眼睛，连泰山那样的大山也看不见，两个豆子塞住了耳朵，使打雷那么大的声响也听不进去。懂得了"道"而又感滞塞那是没有的。见到丢失而不拾取也不合人情。"道开而否"，是指眼前虽有云雾，不能碍视；耳边虽有雷鸣，不能乱听。这样虽居丁草野之隅，也不会受到滞碍。

东汉·邯郸淳撰《笑林》中，讲一个楚人读《淮南子》，见有"得螳螂伺蝉自障叶可以隐形"之说，便去寻找这种树叶放在自己眼上去偷东西。《晋书》卷九十二《顾恺之列传》载，画家顾恺之相信蝉栖树叶能隐身的说法，他朋友桓玄便同他开玩笑，送他一片树叶，说放眼上能自蔽，顾恺之信以为真，把片叶珍藏起来。明·赵南星《笑赞》也载有相似故事。

▲ 一叶障目

"一叶障目，不见泰山"，用以讽刺被眼前细小事物所蒙蔽和局部现象所迷惑，不能认清全面的或根本的问题。姚雪垠《李自成》第一卷第二六章："只是我同他略谈数语，也看出他正像一般读书人一样，看事半明半暗；有时一叶障目，不见泰山。"

其实这个成语包含的物理学知识很是清晰明了，便是光的性质之一：光在均匀介质中沿直线传播，障碍物大小一定时，障碍物挡住的范围还与人到障碍物的距离有关，离障碍物越近，挡住的范围就越大。若接近眼睛时，一叶之大小便可挡住全部视线。

说起来，在传统中国物理学诸多学科当中，光学是得到突出发展的学科之一。古人对光本身有过内容丰富的探讨，形成了一定的学说。

首先，在对光本性的认识上，中国古人深受元气学说的影响，他们认为气是万物本原，光当然也不例外。光不但生于气，而且它本身就是一种气，是一种由光源发出的特殊的气。在中国，很早就有人提出光是气的思想起源。春秋时医者就曾提出："天有六气，……六气曰阴阳风雨晦明也。"晦、明是光的不同表现形式，差别在于光的强弱不同。到了西汉，《淮南子·原道训》又进一步提出："夫无形者，物之大祖也。……其子为光，其孙为水。"光生于元气，不等于它本身即为气。

那么，光究竟是什么呢？《淮南子·天文训》载："天道曰圆，地道曰方。方者主幽，圆者主明。明者吐气者也，是故火曰外景；幽者含气者也，是故水曰内景。"这里所谓的"天道"、"地道"，是指物所遵循的不同规律，圆、方则指物的性质，例如火在地上即有，它便循"天道"，曰圆；水无定形，但其性质曰"方"，循"地道"。"明者"指光源，它向外发光，是为"吐气"，亦曰"外景"；"幽者"指可以反光的物体，比如水，它能接受外光，反射成像，看上去如同物在其内，故此叫"含气"，又名"内景"。"外景"指发光，"内景"指反光，其区别在于"吐气"与"含气"的不同。既然发光、反光都离不开气，那么《淮南子》毫无疑问是把光作为一种特殊的"气"来对待的。

认为光是一种气，南宋学者蔡元定曾用这一认识解释月亮发光。问："月本无光，受日而有光?"季通云："日在地中，月行天上，所以光者，以日气从地四旁周围空处迸出，故月受其光。"

可见，在对光本源问题的认识上，中国古人占主导地位的观点认为光是光源发出的一种特殊的气。不过，明末清初的方以智曾提出了一种独特的波动学说。方以智道："气凝为形，发为光声，犹有未凝形之空气与之摩荡嘘吸。故形之用，止于其分，而光声之用，常溢于其余。气无空隙，互相转应也。"按方以智的看法，"空皆气所实也"，"气"弥漫整个空间，内部毫无间隙，这样，倘一处受激，必致处处牵动，"摩荡嘘吸"、"互相转应"，有如投石水上，石激水荡，连环不断，将波纹一层一层向外传播开去。光就是这样由光源向外传播的。

方以智把光和声相提并论，认为两者以同样的方式发生传播。就其论述而言，应是一种朴素的波动学说，可以名之为气光波动说。

其次，关于光的传播问题，古人也有不少研究。战国时期《墨经》记载过一个小孔成像实验，并给予分析和解释："景到（倒），在午有端，与景长，说在端。"这段文字表明小孔成的是倒像，其原因是在小孔处光线交叉的地方有一"端"，成像的大小与这交点的位置无关。从这里可以清楚地看到，古人已经认识到光是沿直线行进的。同时，这个实验还得出了一个结论，即光是有速度的。《经说下》在解释该实验时提出："光之人，煦若射，下者之人也高，高者之人也下。"中国科技大学已故钱临照院士对此条做了精辟阐释，并特别论述了其中"射"字的含义，说："我于此实验叙述原文得一'射'字焉，……射之一字含义凡三，一曰直，二曰疾，三曰自近及远。于以推墨翟之所以知光亦有三焉。一为光之直线进行，二为光有甚大之速度，三为光发自光体而及于他处。"唐代甘子布作《光赋》也提到："从盈空而不积，虽骏奔其如静。"这说明古人认为光不但有速度，而且速度很快。

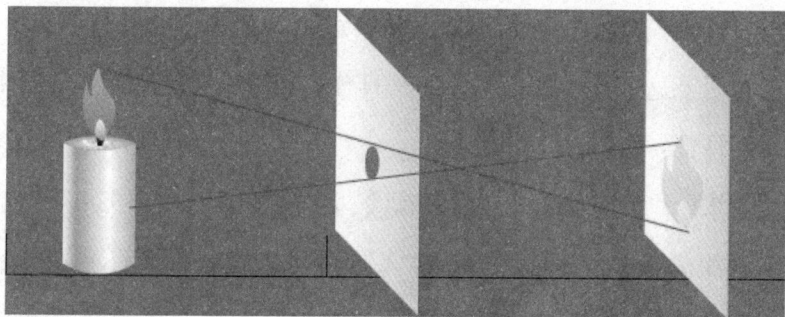

▲ 蜡烛的小孔成像

北宋的沈括在《梦溪笔谈》中也记述了光的直线传播和小孔成像的实验。他首先直接观察物体在空中飞动时，地面上的影子也跟着移动，移动的方向与物体飞动的方向一致。然后在纸窗开一小孔，使窗外飞动的影子呈现在室内的纸屏上，沈括用光的直进的道理来解释所观察到的结果："东则影西，西则影东。"墨家对本影、半影也作了解释；与此相连，墨家还根据物光源相对位置的变化，以及物与光源本身大小的比较来讨论影的大小及其变化。影子戏便是基于这些认识而产生的。

晋朝葛洪说："日月不能光于曲穴。"又说："震雷不能细其音以协金石之和，日月不能私其耀以就曲照之惠。"北宋张载说："火日外光，能直而施。"这些，谈的都是光行直线。

另一方面，让学界始料未及的是，我国古人也有光行曲线思想。虽然古人的这一思想大都隐藏在其天文论述之中，而不大受人关注。但无论如何，这一思想确实存在。例如，晋朝杜预在解释日环食时，即曾说过："日月同会，月奄日，故日食。……日光轮存而中食者，相奄密，故日光溢出。"根据古人的认识，日月等大，若日食起因于月亮对日光的遮蔽（月奄日），那么依据光行直线原理，就不可能发生环食，只能发生全食或者偏食。杜预的解释，显然意味着光可弯曲行进，"溢出"二字也表明了这一点。杜预解释的是日食，而后秦姜岌则运用光行曲线思想解释月食：

难者又云："日曜星月，明乃生焉，然则月望之日，夜半之时，日在地下，月在地上，其间隔地，日光何由得照月？虚安得常在日冲？"对曰："日之曜也，不以幽而不至，不以行而不及，赫烈照于四极之中，而光曜焕乎宇宙之内。循天而曜星月，犹火之循炎而升，及其光曜，无不周矣，惟冲不照，名曰虚。举日及天体，犹满面之贲鼓矣。日之光炎，在地之上，因碍地不得直照而散，故薄天而照则远，在地之上散而直照则近。以斯言之，则日光应曜星月，有何碍哉！"

虚是古人解释月食的专用名词。在这段话中，人们向姜岌发难，说月望之时，日月被地相隔，日光怎能照到月亮？日照不及，月怎能生光？姜岌回答说，日光像火，火在一般情况下向上直升，若遇物阻挡，则热流沿物面上升。同样，在没有大地阻隔时，日光向四外直射而散，若遇地阻隔，则沿天球曲面绕过大地向日的对冲传播，唯有正对冲之处不能照及，于是形成虚。姜岌是浑天家，按浑天学派的观点，天是一个球体，光沿着天球的内表面传播，当然走的是曲线。

到了宋代，朱熹又用光行曲线解释月中阴影，认为月中阴影是地受日光照射而在月上的投影。他说："月体常圆无阙，但常受日光为明。初三四，是日在下照，月在西边明，人在这边望，只见在弦光。十五六，则日在地下，其光由地四边而射出，月被其光而明，月中是地影。……盖日以其光加月之魄，中间地是一块实底物事，故光照不透，而有此黑晕也。"

根据古人的认识，日月远小于地，若光行直线，则日光照耀大地所形成的阴影，必然要大于地本身，所以，它不可能被缩小投影到月面上。要保持朱熹说法的成立，就必须认为日光是绕地沿曲线传播的。

中国古代光行曲线思想，到方以智时形成了明确的理论。方以智提出一个概念，叫光肥影瘦，其含义为：光在传播过程中，会绕到障碍物的后面，使得光亮区变大，阴影区缩小。这一概念与其气光波动说是一致的：光的传播方式既然与声相同，它在行进过程中，若遇物体阻挡，当然也像声一样，要向阻挡物后面绕去。他说："物为形碍，其影易尽，声与光常溢于物之数，声不可见矣，光可见测，而测不准也。"

方以智的学生揭暄对方以智的光肥影瘦学说做了进一步的阐释，他说："日之为光者，火也。火气恒散，天圆体，散之不得，则必循天而转，以合于对极。中亦抱地而转，以合于前冲，若水流包砥而后合也。余尝于日没时，观其影射气中，自西徂东，抱地若环桥，始知其影非直行，能随物曲附，不可以直线取也。……光肥影瘦固然，光小于物，光亦肥，仍不可以直线取也。"

这段话的前半部分是对传统光行曲线理论的总结，后半部分则是对光肥影瘦概念的进一步说明。揭暄指出，光肥影瘦是普遍现象，在光源

Wuchubuzai De Kexue Congshu

小于障碍物的情况下，该现象仍然存在。

为了验证"光肥影瘦"学说，方以智还做了小孔成像实验。他记述道："尝以纸徵之。刺一小孔，使日穿照一石，恰如其分也。手渐移而高，光渐大于石矣；刺四、五穴，就地照之，四五各为光影也；手渐移而高，光合为一，而四五穴之影，不可复得矣。光常肥而影瘦也。"

方以智认为，光线透过小孔形成的亮区很快融合为一，证明光肥影瘦之说是正确的。实际上，造成"四五穴之影，不可复得"的原因很多，很难说是否"光肥影瘦"所致。方以智的实验是否证实了他的光肥影瘦学说，可姑且不论，但他努力用实验证实自己的理论，这种做法是值得肯定的。这也表明在他的思想里，光确实是可以沿曲线传播的。

▲ 光的曲线传播现代例证——黑洞

一叶障目，不见泰山，说的是光线直线传播；殊不知这也有前提，若介质不匀，光也是可以曲线向前的。相对论之后，超光速的虫洞，时间机器的幻想，宇宙坍塌的奇点……这时候再想经典物理的光，倒真的算是一叶障目了。

Wuchubuzai De Kexue Congshu

⭐ 同声相应：琴弦间的共振现象

鲁迅与茅盾，同为我国著名的作家。自 20 世纪 20 年代末期，他们二人就开始并肩战斗，共同从事革命文艺活动和社会斗争。比如 1931 年为抗议国民党反动派的血腥屠杀政策，发表了《为国民党屠杀大批革命作家宣言》；1932 年 2 月，发表《上海文艺界告世界书》和《为日军进攻上海屠杀民众宣言》；同年 5 月，发起为日本革命作家小林多喜二遗族募捐，等等。后来人们提起他们，会说道："这二位是同声相应的作家。"

▲ 鲁迅

▲ 茅盾

同声相应，典出《易经·乾·文言》："子曰：'同声相应，同气相求。水流湿，火就燥。云从龙，风从虎。圣人作而万物睹。'"王弼注疏："同气相求者，若天欲雨，而柱础润是也。"《易经·乾》卦认为：声音相同的就相互响应，气味相投的就互相追求。这是一种天地、天人感应的说法，圣人有生养之德，众人有生养之情，前事之"兆"，为后事之"应"。这个成语用来形容相同的声音可以互相呼应，相似的气味可以互相融合，比喻志趣相同的人便会结合在一起或应和别人的话。明·兰陵笑笑生《金瓶梅词话》第六九回："自古同声相应，同气相求，本乎天者亲上，本乎地者亲下，同他做伙计，亦是理之当然。"西汉·司马迁《史记·伯夷列传》中说："同明相照，同类相求。"这是从偶然与必然、原因与结果之间的联系出发，叙述同类之间的关系。这个成语现泛指事物之间的聚结，也用于贬义。

如果从科学的角度客观来说，这个成语其实描述了物理声学中的共振现象。共振是指一个物理系统在其自然的振动频率（所谓的共振频率）下趋于从周围环境吸收更多能量的趋势。自然中有许多地方有共振的现象，比如乐器的音响共振、太阳系一些类木行星的卫星之间的轨道共振、动物耳中基底膜的共振、电路的共振等等。其中声学上的共振现象也称为"共鸣"。这是当两个物体发生振动时，它们的固有频率相同或具有简单的整数比时所产生的现象。

古人很早就注意到，在弹奏弦乐器时会出现共振现象。世界上最早记录共振现象的文章载于《庄子》："为之调瑟，废于一堂，废于一室，鼓宫宫动，鼓角角动，音律同矣。夫或改调一弦，于五音无当也。"意思是：于是为之调好了瑟，一张放在堂屋里，一张置于内室中，在一张瑟上奏宫音，另一瑟的宫弦应声，在一张瑟上奏角音，另一瑟的角弦应声，因为它们音律相同或者改调一弦，与五声音阶上的五个级（即宫、商、角、徵、羽，相当于现行简谱上的1、2、3、4、5）都不符合，弹奏它，则25根弦一齐振动。

100

这个实验发现了两种现象，一种是基音与基音之间的共振，另一种是基音与泛音之间的共振，后一种现象在一般情况下较难察觉。

后来《吕氏春秋》一书也对上述现象进行解释："类同相召，气同则合，声比则应，鼓宫而宫动，鼓角而角动。"汉末学者高诱作注说："鼓，击也。击大宫而小宫应，鼓大角而小角应，言类相感也。"高诱的解释既有定性的，也有定量的内容。说定性，是他注意到声与声之间的作用；说定量，是"大宫"与"小宫"、"大角"与"小角"的作用应成比例，它们相隔八度，即频率比为1：2，这就是一种泛音现象。

唐段成式（？~860）在《酉阳杂俎》中记载了一个关于共振的故事："蜀将军皇甫直，别音律，击陶器能知时月。好弹琵琶，元和中，尝造一调，乘凉临水池弹之，本黄钟而声入蕤宾，因更弦再三奏之，声犹蕤宾也，直甚惑，不悦，自意为不祥。隔日，又奏于池上，声如故。试弹于他处，则黄钟也。直因调蕤宾，夜复鸣弹于池上，觉近岸波动，有物激水如鱼跃。及下弦则没矣。直遂集客，车水竭池，穷池索之数日，泥下丈余得铁一片，乃方响蕤宾铁也。"意思是：蜀将军皇甫直善于辨别音律，只需敲击几下陶器，就可以确定该陶器的制作年月。他喜欢弹琵琶，元和年间，他曾自己谱成一种曲调，在凉爽的

▲ 抚琴图

水池边弹奏。这首曲子本来属于黄钟（今律名"f"）调，却走调成为蕤宾（今律名"b"）调，经多次调弦演奏还是蕤宾调。他极为迷惑，心中郁郁不悦，认为这是不祥之兆。隔了一天，他又在池边弹奏，其调仍为蕤宾。于是他试着到别处弹奏，则恢复到正常的黄钟调了。他于是干脆把琵琶弦音调成蕤宾，晚上再到池边弹奏，觉近岸处池中波浪随乐音旋律而跳动，似有东西在激水，就像跃鱼激水一般。当停止弹奏时，水面也归于平静。皇甫直就召集宾客，用水车排干池水，在池中四处搜索，这样在池中搜了好几天，终于在泥下 3 米多深的地方找到一块铁片，原来它正是方响蕤宾调的定音铁。

此外，古人记载最多的共振现象应属"自鸣"。西汉·董仲舒在《春秋繁露·同类相动》中指出："物之以类动者也，其动以声而无形，人不见其动之形，则谓之自鸣也。"董仲舒认为，同类的物体运动或振动会产生自鸣，由于它是以声音的形式表现出来，人们不能直接看到它的成因。他以琴瑟的弦音为例，认为"五音比而自鸣，非有神，其数然也"。可见董仲舒注意到自鸣的数理关系，并借此说明"天人感应"的道理。

《太平广记》中也有关于自鸣现象的记载："永建时，殿上钟自鸣，帝甚忧之。公卿莫能解，乃问英。英曰：'蜀岷山崩，母崩故子鸣，非圣朝灾也。'""魏时，殿前钟忽大鸣，震骇。省署。华曰：'此蜀铜山崩，故钟鸣应之也。'蜀寻上事，果云铜山崩，时日皆如华言。"钟不扣自鸣，古籍上的记载不胜枚举，仅《三冈识略》就有三次。

而最先提出"自鸣"这一术语的是宋代科学家沈括。一天，沈括在朋友家中看到一个共振现象，他记述并解释说："予友人家有一琵琶，置之虚室，以管色奏双调，琵琶弦辄有声应之，奏他调则不应，宝之以为异物，殊不知此乃常理。二十八调但有声同者即应。"其中的"管色"就是"筚篥"，古代的一种吹奏乐器；"双调"是古代燕乐的一个调名。沈括在友人家中看到的是一个琵琶的弦与管乐器发生共振的现象。为了进一步弄清原因，沈括设计了一个实验，即琴瑟的弦发生共振实验。沈括在《梦溪笔谈》中记述："琴瑟弦皆有应声。宫弦则应少宫，商声则应少商，其余皆隔四相应。"其中宫、商相当于现代简谱中的"1"、"2"；少宫、少商则相当于高音"1"、高音"2"。琴瑟都是以五声音阶定弦的，第一弦隔二、三、四、五弦，同第六弦"隔四相应"，以此类推。

沈括还特地用纸人来演示其"相应"的情形："今曲中有声者，须依此用之，欲知其应者，先调诸弦令声和，乃剪纸人加弦上，鼓其应弦，则纸人跃，他弦即不动。声律高下苟同，虽在他弦鼓之，应弦亦震，此之谓正声。"也就是说，为了要知道某一根弦的应弦，可以先将各条弦的音调准，然后剪纸人放在待测弦上，一弹与它相应的弦，纸人就会跳动，弹其他弦，纸人就不动。如果琴弦的声调高低都相同，即使在别的琴上弹，这张琴上的应弦同样也会振动，沈括把这叫做"正声"实验。沈括的实验是世界上第一个弦线共振实验。

▲ 沈括

宋末学者周密重复了五度的共振实验，他在《癸辛杂识》中写道："琴间指以一与四，二与五，六、四与七为应。今凡动一弦，则第四弦自然而动。试以羽毛轻纤之物，果然，此气之自然相感动之妙。"周密所论述的都是弦长比为 2∶3 的共振情况。

由此可见，沈括与周密的实验研究，分别发现了共振发生在振数比为 1∶2（宫与少宫，商与少商）、2∶3（隔四相生）等处。同样的实验研究方法，意大利达·芬奇在 15 世纪进行，牛津诺布尔和皮戈特在 17 世纪进行。他们的研究比沈括（1031～1095）、周密（1232～1298）要晚几百年。

明末学者方以智对沈括的实验也做了补充。他在《物理小识》中写道："今和琴瑟者，分门内外，外弹仙翁，则内弦也动。如定三弦子为梅花调，以小纸每弦贴之，旁吹笛中梅花调一字，此弦之纸亦动。"文中所说的"内外"是指琴瑟的内侧和外侧，"仙翁"是一种定弦的方法，"一字"是吹笛时六孔全闭的音。当笛子吹出"一字"的乐音时，"三弦子"上发"一字"音的弦也振动起来。方以智用小纸片演示了这时产生的共振现象。

同声相应，琴弦间跳动的不仅是音符，还有科学。

成语中的化学

真金不怕火炼：古代炼金术中的化学

　　根据小说《红岩》改编的电影《在烈火中永生》中，给我们留下深刻印象的又何止宁死不屈的江姐？其中在白公馆、渣滓洞的故事：革命者的狱中斗争，狱中的新年联欢活动，狱中绝食斗争的胜利，为龙光华烈士举行追悼会，江雪琴的从容就义，许云峰在地牢里同徐鹏飞的最后一次交锋，最后的武装越狱斗争……无一不让人感动。正所谓那一句老话——真金不怕火炼。

▲《在烈火中永生》剧照

真金不怕火炼，语出清·名教中人《好逑传》第八回："谁知你们真金不怕火，礼则礼，情则情，全无一毫苟且之心。"浩然《艳阳天》第一一五章："乌云遮不住太阳，真金不怕火炼，东山坞永远会是太阳当空，永远是我们人民的天下！"这个成语用来说明真金虽然经历火炼，但是本色不变，比喻事物或人经得住任何考验。

成语的意思很是直白，老百姓中又作"真金不怕红炉火"，也是这个意思。不过，为什么说"真金不怕火"呢？这其中又蕴含着什么样的道理？

原来，黄金历来是贵重的重金属，并担任着货币的职能。人们发现用火烧就可以辨别出真假黄金。因为黄金的化学性质很稳定，在空气中灼烧不与空气中的氧气反应，而假黄金的成分是药金、黄铜合金（Zn、Cu），而黄铜、药金化学性质都比黄金（Au）活泼，在空气中灼烧（高温）容易生成黑色的氧化铜（CuO）及灰色的氧化锌（ZnO）。而金的熔点较高，达1063℃，在一般的火焰中也不会熔化。因此，用高温灼烧，就能辨别真假黄金。

▲ 金元宝

历史上，寻求长生不老的秘方和永恒不朽的黄金一直是人们、尤其是统治阶级的追求。中国古代应运而生了一种特殊方术——炼金术。炼金术，又称金丹术、炼丹术、点金术、黄白术。其内容非常复杂，中心目标是用人工方法制作既可以使人"长生不死"，又能用点金的神丹点化铜、铁等普通金属以转变为黄金和白银。由于中国古时有"成仙"的说法，所以炼丹术最先在中国诞生。炼丹家认为，人的肉体可以借助于某种神奇的药物而获得永生。"丹"原来指丹砂（即硫化汞），后来泛指被认为是"长生药"或"点金药"的各种药物。

长生不老当然是痴心妄想,不过在炼金的过程中,术师们逐渐积累了一些经验,炼金术可以说是中国古代化学的先驱。

▲ 古代炼丹炉

春秋战国时期,诸子百家争鸣,生产也达到鼎盛时期。鼎本是煮肉汤和食品的器具,但这时人们就希望在鼎中也能炼出一些别的东西。传说秦穆公的女婿萧史就在宫中炼丹,他曾经炼成"飞雪丹"给秦穆公的女儿擦在脸上(实际上是炼成的铅粉)。他也许可以算是最早的化学家。

由于各种金属矿物都是由土中开采出来的,所以在五行生克学说中就有土生金的说法。于是当时就有一种设想,那就是认为矿物在土中会随时间而变化。例如认为雌黄千年后化为雄黄,雄黄千年后化为黄金。朱砂200年后变成青,再过300年后变成铅,再过200年成为银,最后再过200年化成金。能不能加速这种变化呢?这时就产生了夺天地造化之功的思想,企图在鼎中能做到"千年之气,一日而足,山泽之宝,七日而成"。于是就在鼎中放入各种药物，封闭后进行加热烧炼，以为可以炼出贵重的金银来，这样炼金术在战国末期就萌芽了。到了秦皇汉武时期，由于最高统治者的支持，炼金术就大大发展起来，这时不仅要由低贱的金属如铜、铁等制造出贵重的金、银来，还要为统治者修炼出吃了能长生不老的仙丹来。他们把人与物相类比，认为黄金和玉都是不朽不坏的，所以最好能由金和玉中提出精华来给人吃，于是就有"服金者寿如金，服玉者寿如玉"的理论。这时炼丹家就希望能炼出一种名叫"金液"的神秘物质，人吃了可以长生不老，与普通物质配合就能变成黄金。

最早热衷于炼丹术的是西汉的淮南王刘安，他在他的宫中招集了方士千余人修炼金丹和表演特异功能，后来又编写了《淮南子》，提到了汞、丹砂、雄黄等药物。至景帝炼金风气流行，西汉末的王莽也喜神仙思想和炼丹术。另外，道教亦与炼丹术扯上关系，道教创办者张陵亦被称精通此术。

这一时期是炼丹兴起的时期，虽然真金没有炼出来，却制成了多种貌似黄银和白银的假金。更发现了许多种化学反应，最主要是铅、汞、硫、砷

▲ 淮南王刘安的塑像

Wuchubuzai De Kexue Congshu

等之间的反应，还创造了各种炼丹仪器和提炼药品的方法。

到了东汉时期，魏伯阳编著了一部炼丹术的著作《参同契》，这是世界公认现存的最古老的炼丹书（外国现存的最老的炼金术著作是圣·马克书稿，是公元 10 世纪的抄本）。实际上，《参同契》是魏伯阳钻研总结了前人大量的炼丹书《火记六百篇》后总结的理论著作，他把物质分为阴阳两大类，提出要产生新物质必须阴阳配合，同类物质在一起是不会化合的。他还指出如果是"药物非种、分剂参差、失其纪纲"时，那就会"飞龟舞蛇，愈见乖张"，这实际是炼丹过程中发生爆炸的情况（这正是炼丹家发明火药的前奏）。

魏伯阳在书中记载了铅、汞、硫等的化合和分解的知识。但是魏伯阳有一大缺点，就是书中使用了各种隐语，例如"河上姹女，灵而最神，得火则飞，不见埃尘，鬼隐龙匿，莫知所存，将欲制之，黄芽为根"。实际上，河上姹女是水银，水银加热就会蒸发（飞）不见了。要想固定水银，就要加入黄芽，黄芽就是硫黄，这时加热后就会生成红色的硫化汞，"望之类白，造之则朱"。这部《参同契》是现存的世界上最早的炼丹术的理论著作，从中可见当时火法炼丹已积累了大量经验性知识。

晋代炼丹家葛洪所著《抱朴子内篇》，对汉晋以来的炼丹术作了详细的记载和总结，他的炼丹术分为 3 个互相关联的部分：

（1）炼制万应灵丹，以为"仙道之极"。

（2）采集并加工制作长生药。这些药物包括矿物、动物性、植物性药物，认为它们能起到"令人身安命延"、"养性"和"除病"的作用。

（3）点化金银。用铜、铁等普通金属点化为黄金和白银，实际上是使用化学方法制成各种与金、银外貌相似的合金。

到了唐代，几乎各代皇帝都喜欢炼丹术，这时中国的炼金术发展到全盛时期，许多炼丹著作有了更实际的内容，也传往阿拉伯国家，促进了阿拉伯炼金术的发展。而阿拉伯炼金术后来又传入欧洲，几经演化发展，终于形成了现代科学的重要门类——化学。

▲ 古代炼丹图

现代化学 Chemistry，源于阿拉伯炼金术 Al－Kimiya。据曹元宇教授考证，这是源于中国金丹术中最重要的追求目的——金液。金液的泉州语言正是 Kim－Ya，而泉州正是唐代最繁盛的通商口岸。而阿拉伯炼金术的鼻祖 Geber（？～780 年）就曾经著过一本名叫《东方的水银》的炼丹书。

去除古代炼金术中的迷信成分，它有着不少科学意义。首先，认识了一大批金属和非金属，并了解它们的性质。例如，对硫、汞、铅等元素作了十分透彻的研究，并用化学方法来提纯和鉴别它们。阿拉伯人写的《七十书》和《秘密书》等著作中，对金属和非金属元素的性能也作出较全面的论述。

其次，认识许多化合物以及这些化合物的反应。例如，炼金者拉齐著的《秘密书》，就将当时已知物质分成三大类：金属、非金属和矿类。当时人们已能了解的铁矿、氮化镁、硼砂、苛性钠、草木灰、食盐等不下数百种化合物及其性质，这些也同炼金活动有一定的关系。又如，我国炼丹家葛洪能察知铅在不同条件下，氧化成氧化铅、四氧化三铅和二氧化铅等。特别值得一提的是，西欧的炼丹家在后期已发现硫酸、盐酸和碳酸钠、氢氧化钠等重要化合物。

再次，在实验技术上，不仅发明了许多仪器，如加热器、蒸馏瓶、坩埚等，而且掌握许多实验操作技术，如蒸发、过滤、蒸馏等。特别是提纯物质的技术的创立，这对研究物质的性质，起着重要的作用。

不过，由于政治目的和社会意识形态，术士们始终把追求长生不老和点石成金作为最终目的，没有摆脱迷信思想的桎梏，也就未能向科学的道路上迈进，终没有诞生科学的化学。

海德格尔说得好，生命不过是终将死亡的人在世界上寻找栖居的过程。没有谁能永远占有美好的空间，长生不老从来只是神话。那么，在终将死亡的旅途中，我们又能做些什么呢？不用怕，毕竟——真金不怕火炼，不是么？

⭐ 水滴石穿：点滴细流中的化学反应

读书枯燥，而玩乐喜人。在坚持不下去时，相信无论是父母师长也好，自己也好，总会用各式各样的故事来激励自己——什么"只要功夫深，铁杵磨成针"；什么"冰冻三尺，非一日之寒"；什么"坚持就是胜利"；抑或"不积跬步，无以致千里"等等。凡此种种，无一不是在说明一个道理：只要一点一滴地努力，水滴都能穿石——水滴石穿。

▲ 水滴石穿

"水滴石穿"典出南宋·罗大经的读书见闻笔记《鹤林玉露》卷十："张乖崖（张咏）为崇阳（属湖北）令，一吏自库（钱库）中出，视其鬓傍巾下有一钱。诘之，乃库中钱也，乖崖命杖之。吏勃然曰：'一钱何足道？乃杖我耶！尔能杖我，不能斩我也。'乖崖援笔判云：'一日一钱，千日一千，绳锯木断，水滴石穿。'"（见《笔记小说大观·(三)》）张咏为一钱将小吏斩于阶下，固属错案，但他讲的"绳锯木断，水滴石穿"却是真理，形容天长日久，积少成多，小患也能酿成大害。

东汉·班固《汉书·枚乘传》记载：枚乘字叔，西汉景帝时作吴王刘濞的郎中。公元前154年，刘濞以诛晁错为名联合楚赵七国进兵京师。枚乘上书劝阻说："福生有基，祸生有胎；纳其基，绝其胎，祸何自来？泰山之溜穿石，单极之绠断干。水非石之钻，索非木之锯，渐靡使之然也。"意思是，细小水流和绳子，看来力量很小，但是渐渐可以穿透石头、锯断木头。

这个成语用来形容连续不断的水滴，时间长了能把石头滴穿；比喻只要坚持不懈，有恒心，事情总会成功。李欣《潜移默化》："没有群众性的努力，没有水滴石穿的功夫，新的风气和作风是形成不起来的。"又作"绳锯木断，水滴石穿"或"绳锯木可断，水滴石可穿"。

从科学的角度来说，水滴为什么能穿石呢？这是因为，矿石的主要成分是难溶碳酸盐，如碳酸钙、碳酸镁等与水、空气作用转化成易溶的碳酸氢盐，如碳酸氢钙、碳酸氢镁，比如最常见的大理石、石灰石等的主要成分碳酸钙，在遇到二氧化碳和水的作用时，便会形成可溶性的碳酸氢钙 $[Ca(HCO_3)_2]$。用化学反应来表示就是：

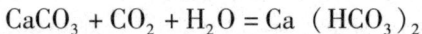

$$CaCO_3 + CO_2 + H_2O = Ca(HCO_3)_2$$

这样长时间滴水，碳酸钙逐渐溶解，就会石"穿"。

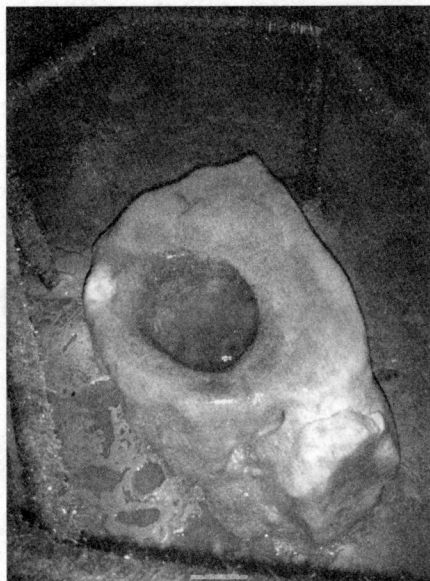

▲ 水滴石穿

说起来，这个化学反应并不单单在"水滴石穿"中体现，为人所更熟知的，是分布在湖北、广西境内的溶洞。

▲ 溶洞

溶洞的形成是石灰岩地区地下水长期溶蚀的结果，石灰岩里不溶性的碳酸钙受水和二氧化碳的作用能转化为微溶性的碳酸氢钙。由于石灰岩层各部分含石灰质多少不同，被侵蚀的程度不同，就逐渐被溶解分割成互不相依、千姿百态、陡峭秀丽的山峰和奇异景观的溶洞。如闻名于世的桂林溶洞、北京石花洞，就是由于水和二氧化碳的缓慢侵蚀而创造出来的杰作。溶有碳酸氢钙的水，当从溶洞顶滴到洞底时，由于水分蒸发或压强减少，以及温度的变化都会使二氧化碳溶解度减小而析出碳酸钙的沉淀。这些沉淀经过千百万年的积聚，渐渐形成了钟乳石、石笋等。如果溶有碳酸氢钙的水从溶洞顶上滴落，随着水分和二氧化碳的挥发，则析出的碳酸钙就会积聚成钟乳石、石幔、石花。洞顶的钟乳石与地面的石笋连接起来了，就会形成奇特的石柱。即：

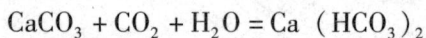

$$CaCO_3 + CO_2 + H_2O = Ca（HCO_3）_2$$

$$Ca（HCO_3）_2 = CaCO_3 \downarrow + CO_2 \uparrow + H_2O$$

大自然经过长期和多次地重复上述反应，从而形成各种奇特壮观的溶洞，如桂林的七星岩、芦笛岩，肇庆的七星岩等。这种地貌又名卡斯特，在我国境内有着广泛的分布，现在已经成为著名的世界遗产地。

▲ 广东肇庆七星岩景区

天然河水或井水中，常常含有碳酸氢钙、碳酸氢镁、硫酸钙、硫酸镁等杂质，如果含量较大，则这种水叫做硬水。硬水不宜做工业用水，因它在锅炉中受热分解会形成锅垢，造成导热不良，浪费燃料，甚至酿成事故。硬水也不宜饮用，如长期饮用，会患消化系统和泌尿系统疾病。用硬水洗涤衣物，洗涤效果差。

水滴石穿，说起来是水和二氧化碳共同"滴"某种石穿——若没有后者，任你滴一万年也不穿；若不是某种含碳酸盐的石头，那也不会穿。

⭐ 刀光剑影：古代兵器与冶金

刀，是什么样的刀？金丝大环刀！

剑，是什么样的剑？闭月羞光剑！

招，是什么样的招？天地阴阳招！

这是曾经风靡一时的电视剧《白眉大侠》的片头曲。这部剧构筑的是一个充满了侠客与正义、阴谋与爱情的武侠世界——刀光剑影，让人热血沸腾。

▲《白眉大侠》海报

"刀光剑影"语出南朝·梁·吴筠《战城南四首》："剑光挥夜电，马汗昼夜泥。"刘禹锡《有僧言罗浮事》："日光吐鲸背，剑影开龙鳞。"清·陈端生等著《再生缘》第二九回："有一座山山势险要，山腰里房屋重重，旗幡招展，绣带飘扬，还有刀光剑影，杀气腾腾。"这个成语用来形容挥刀击剑时的闪光和影子，比喻激烈、紧张地交锋搏斗。

钟元凯《李贺诗歌的色彩美》："前一首诗出现的主角是赳赳武夫，鸿门宴刀光剑影中的英雄。"姚雪垠《李自成》第二卷第五二章："然而周围的刀光剑影，威严神色，竟使他浑身软弱，失去跳起来大骂的勇气。"徐铸成《报海旧闻》四六："当时的斗争是相当激烈的，真可说是刀光剑影，血肉横飞。"黎汝清《小说〈万山红遍地〉构思及其他》："那一场场惊心动魄的斗争，像走马灯似的出现在我的面前……一会儿刀光剑影，一会儿娓娓而谈；一会儿花香鸟语，一会儿霹雳闪电。"

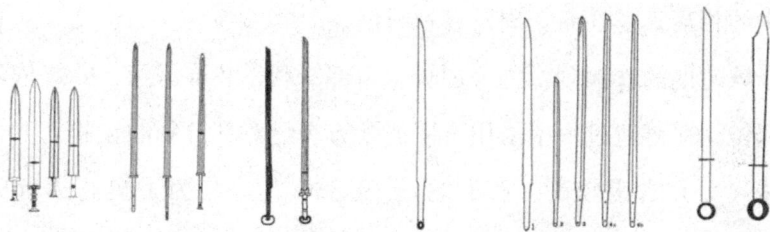

▲ 剑

说起来，刀和剑都是古代重要的作战及防身武器。刀为单面侧刃，厚脊，主要用于砍杀；刀只在一侧有刃口，另一侧做成厚实的刀背。这种厚脊薄刃从力学上看不但利于劈砍，而且刀脊无刃，可以加厚，不易折断。

剑为双刃，呈柳叶或锐三角形，中间有脊，主要用于刺杀。古代的刀产生要比剑晚一些。剑是由矛头、匕首演变而来的。剑，素有"百兵之君"的美称。剑产生在商代。当时的剑一般较短，约为 20～40 厘米，呈柳叶形或锐三角形。

自黄帝至东周，剑大多以铜铸剑，剑质颇佳，炼制技术亦逐渐进步。春秋战国之时，并定剑制，详言制剑之法。周礼考工记云："周官桃氏为剑，腊广二寸有半，两从半之，以其腊广为之。茎圆长倍之。中其茎，役其后，身甚五其茎，重九锊（按：周礼六两半为一锊），谓之上制，上士服之。身长四其茎，重七锊，谓之中制，中士服之。身长三其茎，重五锊，下士服之"。又考古记云："剑，古器名，两刃而有脊，自背至刃，谓之腊，或谓之锷（即剑身）。背刃以下，与柄分隔青，谓之首（即剑盘），首以下把握之处曰茎（即剑柄），茎端旋环曰铎。"这一时期是铸造史上的"青铜时代"，即以青铜为重要原料来制造工具、用具和武器的物质文化发展阶段。青铜是铜与锡（也含铅及其他金属元素）的合金，以含锡量的多少来决定铜器的硬弱程度。我国的青铜时代大约相当于夏、商、周及春秋时期。

春秋时期的青铜剑，剑身加长，刃部锋利，装饰华丽，并能依剑的不同部位，在铸造过程中采用不同的配方。经对部分剑的化验表明，剑的两愕（刃）含锡较高，有的高达 19.88%，这是为了提高刃部的硬度；而剑的中脊含锡量却很低，有的还加入了铅，这样就加强了整个剑身的韧性，使剑在使用中既能用力砍刺，而又不易折断。有的剑表面还经过铬化等工艺处理，使其不致生锈，如已发现的越王勾践剑等青铜剑至今仍乌光逼人。

战国后期的秦国已经是青铜剑、铁剑并用，同时剑的型制也有变化，长度曾加到100厘米左右，剑身狭长，表面经过仔细地研磨，并有一曾铬盐氧化物，显现着乌黑的光泽，能防蚀防锈，陕西秦墓出土的诸多长剑几乎有如新制，而其他兵器如铍、矛、殳、镞等也都是应用此法。

▲ 越王剑

这种长度的青铜剑在以往是不可想象的，由于青铜硬而脆的性质，

过长的剑极易折断，因此剑的长度历来是受到限制的。秦代的长剑硬度一如经过处理的中碳钢，却能具有这种长度，出土之后颇令人不敢置信。经过学者的研究，发现其剑身有规律地作多段的收束，剑身宽度逐段变窄，而厚度则作比例性的加大，使其物理性能达到非常完美的地步。据说兵马俑出土时有过大量碎片压住青铜长剑的实例，移开碎片后，长剑立即反弹恢复原状，可见这种青铜剑韧性之优良；此时可说是青铜兵器的第二个时代，也是最后一个高峰。

而刀产生于4000多年前，当时的铜刀是仿照石刀、骨刀制作的，还未摆脱石刀的形式。商代时，铜刀形制比以前进步，但并未形成兵器。直到西汉末年，骑兵已经成为战争的主力。由于马速度快，推刺功能已经没有多大的意义，而劈砍功能十分适用，于是在西汉时期，出现了环柄的长刀。此类武器只有一面刃口，而另一面是厚实的脊，所以便于劈砍，又不易折断。

至汉武帝时期，剑长有超过1米的，剑刃由两度弧曲而伸，成平直，剑锋的夹角由锐加大。由东汉时期，环首铁刀在当时骑战中占有普遍地位，剑逐渐退出了战争舞台。后作为佩带仪仗或习武强身自卫之功用了。

西汉时期的刀呈长方形或梯形，直脊直刃，现在看来样子很酷。刀柄和刀身之间没有明显的区分，一般没有格。刀柄首端制成扁圆的环状，称"环柄刀"或"环首刀"，与所谓的"大环刀"不同。

在西汉末年时，钢铁兵器几乎完全取代了青铜，进入了一个全新的时代，在这数百年的交替期间，同时也是青铜兵器的发展巅峰，无论长度、硬度、韧度，在历史舞台上展现其最后的灿烂风华。

到三国时期，军队中大量装备的短柄兵器，就只有刀了。从这个时期开始，钢铁兵器已完全代替青铜兵器登上了战争舞台。当时对刀的淬火工艺已非常讲究，知道不同的水性，淬出的刀刃软硬也不一样。有的刀还安装了长柄，变成了长兵器。如《三国志》就曾记载有典韦好持长刀，关羽用的是偃月刀等。

▲ 关羽的青龙偃月刀

唐代的刀已有仪刀、郭刀、横刀等形式。长刀还有双面刃的陌刀，全长3.3米，重7.5千克。它作为"兵中之帅"，是唐代的常备武器之一。此时，刀的形制已由汉代的直脊变成了曲脊，更便于砍杀。枪到晋代，枪头改制成短尖式，更为轻便锋利，遂成为以后历代的主要兵器，有"兵中之王"的美称。唐代的枪有漆枪、木枪、白干枪和朴枪4种。斧也较流行，有长柯斧和凤头斧。此外，两晋以后还新出现了鞭、锏、锤等兵器。以上这些兵器的变化正是这个时期钢铁技术发展的具体表现。

隋唐时期的剑没有多少军事功能，更多的是文人墨客的饰物，常用来抒以凌云壮志或表现尚武英姿。《隋书·礼仪志》载："一品，玉器剑，佩山玄玉。二品，金装剑，佩水苍玉。三品及开国子男，五等散

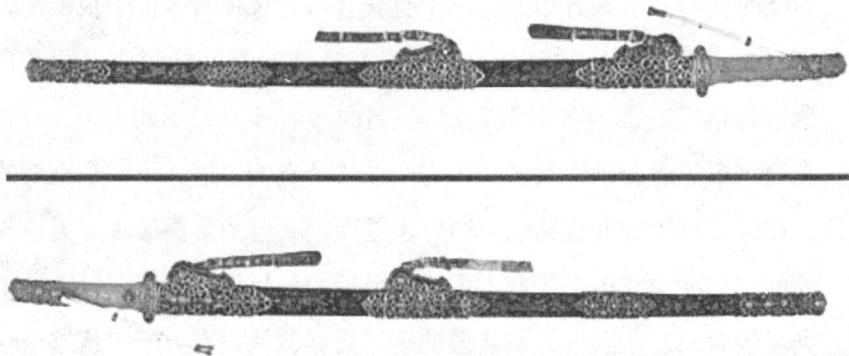
▲ 唐刀

（散）品名号侯虽四、五品，并银装剑，佩水苍玉，侍中已下，通直郎已上，陪位则象剑。带直剑者，入宗庙及升殿，若在仗内，皆解剑。一品及散（散）郡公，开国公侯伯，皆双佩。二品、三品及开国子男，五等散（散）品号侯，皆只佩。绶亦如之。"后剑与道教接上不解之缘，成了道士们手中的法器之一。

到了宋代，冶金技术的发展，使人们已能锻造出与现代弹簧钢相似的钢剑。这种剑采用高碳钢为刃部和低碳钢为茎干的合制方法，使钢剑刃部锋利而剑身富于韧性和弹性，"可以屈置盒中，纵之复直"（《梦溪笔谈·异事》）。到明代，产生了所谓"苏钢"的优质钢材；明中期后又发明了"生铁淋口"技术，使刃部表面生成生铁溶复层和渗碳层，达到了表面坚硬，内部柔韧与耐磨、耐用的效果。明代对淬火工艺又有新的认识。文献中记载，当时有用原油（石油）淬火者，并对淬火工艺功能的掌握更加准确。明代对兵器的制造要求很严。戚继光曾指出："腰刀造法，铁要多炼，刃用纯钢，自背起用平铲平削，至刃平磨无肩，乃利，妙尤在尖。"（《军器集》）

总之，这个时期由于钢铁冶炼技术的提高，产量大增，钢铁的品种也更加丰富，逐渐做到了"因器用材"与"因材施法"。

从上述过程可以看出，我国古代的冶金技术是比较发达的，在冷兵器时代铸造的各种兵器，有很多有可称得上是精良利刃，这反映了古人冶金的智慧与成就。

话说回来，现代各式形形色色的高科技武器、生化武器、卫星武器……真正可以"兵不血刃"，冷兵器时代的刀光剑影在西方资产阶级革命后的机械大炮轰炸下，终于走进历史，成为一个传说。

⭐ 完璧归赵：和氏璧的秘密

　　绵亘的时光磨砺着久远的历史成为幻海中的明珠，那些曾经的人人事事，有的湮没于韶华尘埃、终不可闻，而有的在一次又一次的提及叙述中被人仰望。战国时候的廉颇、蔺相如便属于后者的例子。直到千年后还有大词人执节而歌："廉颇老矣，尚能饭否？"关于这二人的故事很多，不过将相和也好，负荆请罪也好，一切的最初都是源于一块美玉：和氏璧。

▲ 廉颇负荆请罪

　　"完璧归赵"典出《史记·廉颇蔺相如列传》："廉颇者，赵之良将也。赵惠文王十六年，廉颇为赵将伐齐，大破之，取阳晋，拜为上卿，以勇气闻于诸侯。蔺相如者，赵人也，为赵宦者令缪贤舍人。赵惠文王时，得楚和氏璧。秦昭王闻之，使人遗赵王书，愿以十五城请易璧。"而秦王不好相与，赵王经人推荐决定派蔺相如前往。到了秦国，"相如视秦王无意偿赵城，乃前曰：'璧有瑕，请指示王。'王授璧，相如因持璧却立，倚柱，怒发上冲冠……"对着秦王痛斥，说道："大王必欲急臣，臣头今与璧俱碎于柱矣！"而"秦王恐其破璧，乃辞谢固请，召有司案图，指从此以往十五都予赵"。接着相如又用得到玉璧需要斋戒五日为由，争取了时间，"乃使其从者衣褐，怀其璧，从径道亡，归璧于赵。"

完，完整无缺；璧，古代一种玉器；赵，赵国。完璧归赵，指蔺相如将和氏璧完好无损地自秦送回赵国。这个成语比喻把原物完好无缺地归还原主。而这块引得两国差点兵戎相见的美玉，到底是什么宝石呢？《韩非子·和氏》记载了这块"和氏之璧"的来历："楚人和氏得玉璞楚山中，奉而献之厉王。厉王使玉人相之，玉人曰：'石也。'王以为诳，而刖其左足。及厉王薨，武王

▲ 完璧归赵：相如欲与和氏璧同归于尽

即位。和又奉其璞而献之武王。武王使玉人相之，又曰：'石也。'王又以和为诳，而刖其右足。武王薨，文王即位。和乃抱其璞而哭于楚山之下……王乃使玉人理其璞而得宝焉，遂命曰：'和氏之璧。'"后来，"和氏之璧"用来形容价值极高的宝物，也说"价值连城"或"连城之璧"。

那么，从现代科学的角度，这块举世无双的美玉到底是什么成分的呢？

相传，和氏璧曾辗转流传至唐代。唐代末年，一位叫杜光庭的大臣随唐皇帝携和氏璧去四川避乱，曾亲眼见过"价值连城"之宝。杜氏

▲ 地质学家、宝玉石和观赏石专家
以变彩拉长石复制的"和氏璧"

后来撰《录异记》，说和氏璧之所以珍贵，是因为它有"变彩"特征："侧而视之色碧，正而视之色白。"后人由杜氏所说，推断和氏璧可能是月光石。月光石，清光冷冷如月秋。地质学界老前辈章鸿钊先生在《石雅》中指出："其内有无数平行结晶薄片，互相映射而放蓝白或珍珠光彩，又如秋月清辉，湛然莹洁，故名月光石。"

所谓的"月光石"，其实就是化学和地质学中的月长石，它的矿物学名叫"微斜长石"。因为具有"月光效应"（宝石中心出现恍若月光的幽蓝或亮白的晕彩）而被叫做月光石。它是长石类矿物宝石中的一种。长石类矿物是一个大家族，在这个家族中，凡是晶体透明或颜色鲜艳以及具有特殊光学现象的长石，都可以用做宝石。而其中最有名的当数月光石。

月光石由两种长石混合组成。其中，冰长石和钠长石混合组成最常见。质量好的月光石呈半透明状，有似波浪漂游的蓝光。较差的呈半浑浊状。更低档的只有晕彩没有蓝光。月光石属于二轴晶，折射率 1.518～1.526，相对密度小于 2.62，在凸弧形宝石环腰带上经常出现一些小的解理。据此可以把它和相似的玉髓、蛋白石（欧泊）、玻璃或者塑料相区别。月光石在短波紫外线照射下会发出粉色荧光；而在长波紫外线下则没有或者仅有很弱的荧光；在 X 射线下有蓝色或紫蓝色荧光。

月光石的颜色有白色、粉白色、灰色、天蓝绿色、绿色、金黄色，个别有变彩或游彩。根据不同的长石，月光石的品种有：冰长月光石，呈半透明云雾状，琢成弧面形后有游彩，呈现天蓝色的乳白光泽，亦称"贵月光石"；钠月光石，是带珍珠光泽的钠长石，或称有月光石特征的钠长石；拉长月光石，这种月光石带有黄褐色调的蓝色光泽。

高质量的月光石，晶体透明，并含有飘游似的波浪状蓝光，最佳者呈天蓝色或像鸽子蓝色羽毛的光彩。具有美丽乳白光泽的月光石，是一种珍贵的宝石。

我国有一些地方出产长石，但高质量的月光石十分难觅。《后汉书》、《太平寰宇记》等史籍说"和氏璧"出自湖北氏璧，产地应在湖北神农架海拔3000米高的的板仓坪、阴峪海地带。有人在该地区考察多年，找到了一种月光石，从不同方位观察，它会呈现不同的色彩，和史书上有关"和氏璧"的记载相吻合。章鸿钊先生认为"和氏璧"可能出自南漳、竹山一带。20世纪80年代，一位叫郝用威的地质工程师经过近30年的地质考察研究，撰写出《和氏璧探源》一文。

这种宝石在现代是浪漫的象征，因为它的表面有点像雾玻璃般的细致、柔和，透光性颇强，由于内部结构中光反射造成夹层中的钠长石发出诱人的色光，神秘浪漫的光泽，像月光般充满灵气。印度人将月光石当作圣石，而古希腊及罗马人更深信月光石在满月时又其充满强大的力量。据说对癌症的预防有效，也能

▲ 一般的月长石

预防水肿等疾病，并对太阳轮所对应的太阳神经丛起作用，打通太阳轮时会引起疼痛，但却能使人更能看清自己，对女性的内分泌系统有平衡作用，可提高生育能力，对生理痛有舒缓的作用等等。月光石稀少，身价很高。可想而知，若"和氏璧"留存至今，肯定是无价之宝。

若真是这么一块价值连城且有着非凡功效的宝石，似乎使出多少机关算计、阴谋阳谋也都值得。不过明代刑部尚书王世贞有着不同的看法，他在《蔺相如完璧归赵论》中说道：既然赵看出秦以十五城换璧是假的，为什么还去送璧？既然怕触怒秦国，为什么叫人怀璧逃回而挑怒秦国？既然送璧于秦，秦如不给十五城，则秦失信于天下。而叫人偷把璧送回，赵国也理屈。所以，他认为，历史上一直称赞的"完璧归赵"，纯属一时的侥幸。

在笔者看来，无论这和氏璧是否真的是无价之宝，单凭它还成就了千古名相蔺相如，大概也算物有所值了吧。

百炼成钢：古代的炼钢工艺

人说，挫折和失败是一座学校，只有经历了风雨，才能见到彩虹。古往今来多少名人少年曾受非人折磨、遇艰难险阻，然而最终在困境中起飞，翱翔长空，有了自己的一片天空。

"百炼成钢"语出三国魏·陈琳《武军赋》："铠则东胡阙巩，百炼精刚。"五代·王定保《唐摭言·知己》："萧若百炼之钢，不可屈抑。"比喻经过多次的磨炼锻炼，依旧不屈不挠的优秀人物。

▲ 古人炼钢图

其实，百炼成钢这句成语是来自我国古代的一项独特的炼钢工艺。

我国在春秋时就有了炼钢生产，而最初的钢都是海绵铁。炼钢时，把海绵铁放入炉内，让它在受热中渗碳。到一定温度后拿出来锻打，这就是最早炼成的钢。后来人们在冶炼中发现，反复加热锻打的次数越多，钢件越硬。于是工匠便把反复加热锻打的一定次数定为正式工序，这成为百炼钢工艺中的重要步骤，并作为一种国家的工艺固定下来了。这就是百炼成钢工艺的起源。现代冶金分析证明，经反复地加热锻打，会使钢件的组织致密，成分均匀，夹杂物减少并细化，从而显著地提高钢制品的质量。

秦与西汉时期，用生铁炒钢（包括炒熟铁）的新技术出现，工匠们把百炼工艺改为用炒钢或熟铁作为原料，使百炼成钢技术得到进一步发展。

炒钢，就是把生铁加热到熔化或基本熔化阶段，在熔池中加以搅拌，借助于空气中的氧把生铁中所含的碳氧化掉。而炒钢与炒熟铁实质是一回事，熟铁就是含碳极低的炒钢。熟铁、炒钢的成分均匀，其内含的夹杂物均较细小。

根据有关学者的考证和对河北省满城西汉中山靖王刘胜墓中出土的钢剑和错金书刀的分析，这些刀剑均是用碳钢制成的，而质量大大

▲ 汉代钢刀

超过了战国时期的钢制品，含碳不均的现象明显减少。这都是反复加热锻打的结果。

东汉时，百炼钢工艺已趋成熟。古代的"涑"字通"炼（煉）"、"鍊"，在古兵器铭文中常见，在《说文解字》中释其义为"冶金"。"百炼"、"百辟"过去曾被认为泛指反复锻打。但有九炼、三十炼、五十炼、七十炼、百炼共存的事实，说明这些具体数字有其特定的含义。据冶金史专家研究，炼数应是代表了一定的工艺并表明产品的质量。从三十炼钢刀和五十炼钢剑的检验结果推测，炼数可能就是指叠打后的层数。在锻制刀剑时，以炒钢为原料，可以用同一种钢料反复折叠锻打，也可以用数层成分略异的原料叠打，然后加热折叠再锻，反复多次，最后制成百炼钢刀剑。从新中国成立后出土的文物中已得到证实：

1974 年山东临沂地区苍山汉墓出土了一把环首钢刀，刀身刻有"永初六年五月丙午造州涑大刀，吉羊（祥）宜子孙"，可知是"三十炼"工艺制成，北京钢院的专家对这把刀进行检测，证实其含碳量为 0.6% ~ 0.7%，是用块炼铁做原料，加温后反复折叠锻打而成。

▲ 仿制的汉代环首刀

1978 年，江苏徐州铜山县驼龙山汉墓出土一把钢剑，长 109 厘米，剑身长 88.5 厘米，宽 1.1 ~ 3.1 厘米，脊厚 0.3 ~ 0.8 厘米。剑把正面有错金铭文："建初二年（公元 77 年）蜀郡西工官王惜造五十涑（炼）△△孙剑△。"铭文说明此剑是用"五十炼"工艺制成的。

1961 年，日本奈良县栎本东大寺山古墓，出土了一把中国东汉中平年间制造的大钢刀，上有铭文"中平△年 5 月丙午，制造支刀，百炼清刚（钢），上应星宿，下辟不祥"。可知此刀为"百炼"工艺制成。

百炼技术在三国时广为运用。曹操下令工匠为他铸造五把宝刀。工匠经三年完成，其中两把自己留下，余者三把分给三子。

五把刀用三年才完成，可见工艺之复杂。继曹操铸后，儿子曹丕于公元 219 年也曾命国家级的冶炼家，挑选最精良的金属为其造兵器。结果炼成三把宝剑、三把宝刀、两把匕首和一把露陌刀。这些兵器都是用百炼工艺制成。为此，曹丕为五种兵器分别起了名字。

同时期，蜀汉、孙吴的百炼技术也很高。刘备让蒲元造了 500 把宝刀，上刻"七十二炼"，也就是说 500 把刀也是经过近百次的反复锻打才铸成的。

魏晋南北朝是百炼钢的鼎盛时期，此后，由于其他炼钢方法的出现，百炼钢被逐渐取代。而在一些民族地区，从宋代以来，大多用百炼或数十炼的钢制刀。南宋初年，著名学者曾敏行在《独醒杂志》中谈道：

"我住在湖南时，常常看见瑶族人到寺庙里去拜神。他们瑶族男人每人都有佩剑。这些剑是黄色的钢铸造的，也只有蛮族部落的人才会造这种剑。瑶人有个奇特的风俗，每当有人家生了儿子，所有来看孩子的亲戚朋友，都必须带上一块铁，扔到这家盛有水的木盆里去。孩子长大成人后，在他的婚礼宴会上，再把这些赏铁的朋友们请来，并拿出木盆里的铁反复炼上一百次，成了最优质的钢。用这种钢打的剑，一点杂质没有。这样，最初获得铁块的孩子，长大后便有了一把锋利无比的剑。

这剑一挥，就能把树拦腰斩断。有人曾经访问过那里的老铁匠，他们说造这种剑的钢为'到钢'，也就是要炼到一定程度的钢。"

对于百炼钢的记载，古文献中最详细的是沈括的《梦溪笔谈》，其中有："予出使至磁州锻坊，欢炼铁，方识其钢。凡铁之有钢者，如面中有筋，濯尽柔面，则面筋及见，炼钢亦然。但取精铁锻之百余火，每锻称之，一锻一轻，至累锻而斤两不减，则纯钢也，虽百炼不轻矣。此乃铁之精纯者，其色清明，磨宝之，则黯然青且黑，与常铁迥异。"

我国古代的钢铁冶炼技术在世界上是遥遥领先的，据有关出土文物证明我国的炼铁炼钢要比欧洲早 1000 多年。

早期的炼铁是将铁矿石和木炭一层夹一层地放在炼炉中，在 650℃～1000℃ 焙烧，利用木炭的不完全燃烧产生的一氧化碳使铁矿石中的氧化铁还原成铁。由于炼炉中温度偏低，不能使熔点为 1535℃ 的铁熔化，所以到液态的铁。人们等炼铁成功后冷却炼炉，取出铁块，这种炼铁方法叫块炼铁。用这种方法炼得铁质地疏松，还夹杂着

▲ 古人炼铁

许多来臬矿石的氧化物。在实践中人们发现如果把这种铁，加热到一定温度下再反复锻打，就可把夹杂的氧化物挤出去，此时铁的机械性能就得到了改善。

在反复锻打铁块的基础上，古人有了块炼铁渗碳成钢的经验，这种材料就是最早的钢。它是为改变块炼铁的性能而要用木炭作燃料，加热块炼铁并打，这样少量的碳会从铁的表面渗进去。西汉时，为提高块炼铁渗碳钢的质量，人们逐渐增加了锻打的次数，由 10 次、30 次、50 次增至近百次从而得到所谓的"百炼钢"。由此也产生了"百炼成钢"这一成语，它用来比喻久经锻炼，变得非常坚强，成为优秀人物。

孙悟空一双火眼金睛也需要在太上老君的炼丹炉中历尽七七四十九天，也算得"百炼"了。可见，要成"钢"，大概真的需要如一把钢刀、一把钢铲一样，经历"百炼"的。

成语中的建筑学

⭐ 钩心斗角：中国传统建筑之美

"五步一楼，十步一阁，廊腰缦回，檐牙高啄，各抱地势，钩心斗角。"唐代杜牧这篇著名的《阿房宫赋》，引后世无数世人对阿房宫的富丽心向往之、嗟之叹之，也造就了一个大家耳熟能详的成语："钩心斗角"。

▲ 阿房宫图，是古人根据杜牧的《阿房宫赋》想象画出来的

心，宫室中心；角，檐角。钩心斗角，原用来形容宫室建筑结构精妙、巧夺天工。清·梁邵壬《两般秋雨庵随笔》卷一中云："近时诗家咏物，钩心斗角，有突过前人者。"孙中山先生在《心理建设（孙文学说）》第四章中写道："再而家宅之形式如何结构，使之钩心斗角，以

适观瞻，此应用之美术学所必须知也。"

现"钩心斗角"除了称建筑结构精美外，更多用作贬义，比喻各用心机，互相争斗、排挤。这在清·八宝玉郎《冷眼观》第二九回中就有过此解："兼之妇女冶容诲淫，每甘居于希恩沽宠地位，几欲得男子怜爱则生，失男子怜爱则死，由此钩心斗角。"是为尔虞我诈、暗中争斗之意。

那么，究竟是怎样精美的建筑结构使得大诗人杜牧做出了"钩心斗角"这样的形容呢？这就要从中国古代建筑的特点说起。

▲ 山西运城飞云楼

中国古代建筑以木材为原料，与西方以石材为主不同，自成一系，创立了一套自己完整的建筑语汇。其中最广泛使用的抬梁式结构，就是把建筑分为三大部分：台基、屋身和屋顶。每一部分除了结构意义外，还被赋予了特定的文化含义。比如反宇向阳的大屋顶，除了保护木架屋身不会轻易受潮遭朽外，更重要的是体现了中国人民对于美的向往与追求。《诗·小雅·斯干》中形容道："如跂思翼，如矢斯棘，如鸟斯革，如翚斯飞。"就是反映这种对于曲线美的热爱与追求。同时，屋顶凭借不同的造型、层叠，和斗拱组合在一起，严格地体现着森严的等级制度。斗拱，顾名思义，是由一种形似斗的方形构件和若干弓形的拱层叠装配而成，在中国古代，只有宫殿、寺庙及其他一些高级建筑上才允许使用。它在结构上起承托梁头、枋头以及出檐的重量，将屋顶的重量层层传到柱子上。而屋顶出檐的深度越大，斗拱的层数也越多。

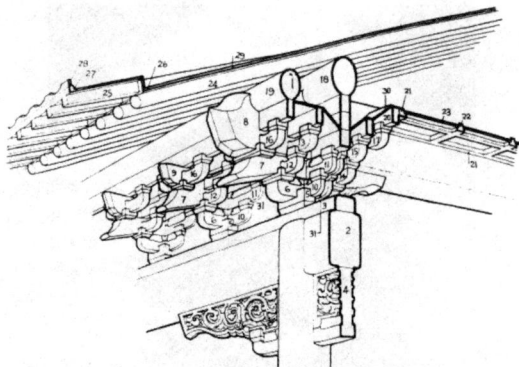

▲ 中国古代斗拱组合

斗拱历来都具有结构和装饰的双重作用。唐宋时期建筑以拱的高度作为梁枋比例的基本尺度，由此发展为成熟的"模数制"，即可以提前制件然后批量生产，此种方法由唐宋一直延续到明清，前后千余年，由此可见斗拱在建筑上之地位。斗拱的艺术形象，经历了从简单到复杂，再由复杂趋于简练的过程，虽然到明清更多的起象征身份与装饰的作用，但提到斗拱，毋庸置疑是中国古代建筑最华美最具有代表性的部分，"它构成了中国建筑'柱式'中的决定性特征"。

▲ 唐代建筑——山西佛光寺

▲ 明清故宫太和殿

相信你肯定有过这样的体验，不单单是面对着富丽堂皇的故宫太和殿、庄重复杂的曲阜孔庙，不单单是精致细腻的晋祠圣母殿、恢弘大气的五台山佛光寺，哪怕只是一间香火较旺的庙宇或者宗祠，哪怕是满城遍地的仿古商业街，透过表面浮华万千，给你留下如此深刻印象的，必定终是有如大鹏欲展翅般的屋顶以及层层叠叠的檐下斗拱。遥想杜牧当年，于静夜中畅想阿房宫的景象，不论阿房宫实际上是否存在过，在诗人情怀中，那如峰峦起伏般恢弘的屋顶，那真正"如翼斯飞"的起翘，与密密麻麻层层叠叠的斗拱一起，互相钩叠、彼此斗艳，令人眼花缭乱、目不暇接，真实的就是秦朝皇室最奢侈最靡丽的梦——真正廊腰缦回、钩心斗角，美不胜收。

▲ 中国传统建筑构架示意（宋）

　　瑰丽奢侈的美到极致便是衰败，所有的精致集于一处、缠绕不休，钩心斗角便也生成了悲哀。后人用它形容人与人之间暗里穷尽心力地斗心机，那也必然是在聪明人与聪明人之间——笨人都是直来直去的。人们追求完美，然而当太多美好加在一起，未必等于更多的美好。

明修栈道，暗渡陈仓：绝壁上的栈道建筑

杰拉尔·奥利（Gérard Oury）在20世纪60年代曾经拍过一部电影《Corniaud, Le》，影片由价值连城的黄金、钻石以及毒品走私引发，讲述了普通旅游者与黑帮头子之间巧妙周旋、斗智斗勇的故事。片子充满了法国式的机缘巧合，剧情紧凑，笑料不断。这部电影的中文名，便叫《暗渡陈仓》。

明修栈道，暗渡陈仓，来源于一个典故。西汉·司马迁《史记·高祖本纪》、东汉·班固《汉书·高帝纪下》中都有记载："汉王之国，项王使卒三万人从。……去辄烧绝栈道，以备诸侯盗兵袭之，亦示项羽无东意。""八月，汉王用韩信之计，从故道还，袭雍章邯。邯迎击汉陈仓，雍兵败。"

▲《暗渡陈仓（VCD）》图片

这个故事的大意是：公元前104年，项羽自立为西楚霸王，封刘邦为汉王，诸侯罢兵各归封地。刘邦依萧何计，不去同项羽争辩"先进咸阳王关中"的原来约定。接受封派，退居汉中。韩王谋臣张良，献计要刘邦回汉中时，烧毁进汉中的栈道（陈仓道上的架木通道），以防

项羽、章邯偷袭，也可向项羽作出没有东进之意，然后再"明修栈道暗渡陈仓"。

刘邦依计，到南郑后拜韩信为大将，议定东征计划。公元前206年，一方面让樊哙、周勃领兵一万限三月修复烧毁的栈道，作出要从这里进军关中的姿态，同时刘邦与韩信则领主力密抄故道（从汉中入褒谷到凤县经嘉陵江至散关出陕西宝鸡），占领陈仓，作为进兵关中的跳板。把守关中的雍王章邯，始见刘邦修栈道，以为栈道修复还早，只派人把守道口，未加防范。当他得知陈仓失守，派兵抵抗时已经来不及了，只好败回废丘（兴平）。章邯战败自杀。刘邦迅速地再入咸阳，奠定了打败项羽的基础。"明修栈道，暗渡陈仓"的计划，只用了三个月时间，就占领了三秦战略要地。

▲ 古栈道

秘本兵法《三十六计》把"暗渡陈仓"作为敌战计之二：暗渡陈仓，示之以动，利其静而有主，"益动而巽"；说"奇出于正，无正则不能出奇。不明修栈道，则不能暗渡陈仓。"三国时期魏将邓艾和蜀将姜维在白水（四川松潘东北）附近一战，邓艾便是因为懂得这一计而获胜。(见《三国志·魏志·邓艾传》)元·无名氏《暗度陈仓》第二折:"着樊哙明修栈道,俺可暗度陈仓古道。这楚兵不知是智,必然排兵在栈道守把。俺往陈仓古道抄截,杀他个措手不及也。"元·尚仲贤《气英布》第一折:"孤家用韩信之计,明修栈道,暗度陈仓,攻完三秦,劫取五国。"

栈道,山崖中用竹木架出的甬道。陈仓,陕西宝鸡东。明修栈道,暗渡陈仓,形容以明显的行动迷惑、麻痹对方,暗中采取另一种行动以达到某种目的,常用于比喻背后行动或偷袭,有时也形容貌此而意彼。清·文康《儿女英雄传》第九回:"莫非他心里有这段姻缘,自己不好开口,却'明修栈道暗度陈仓'?……也说不定。"

那么,古代为什么要修栈道,栈道的修筑又有什么特点?

栈道,又称阁道、复道,是沿悬崖峭壁修建的一种道路。古代高楼间架空的通道也称栈道。栈,《说文解字》释为竹木之车,《玉篇》、《集韵》、《韵会》、《一切经音义》等释为栅、阁板、小桥、阁版板,再引申作动词便指用竹木设造,即称编木曰栈。颜师古注《汉书》称:"栈,即阁也,今谓之阁道,盖架木为之。"司马贞《史记索隐》又引崔浩曰:"险绝之处,傍绝山岩施板梁为阁。"这既指《正韵》、《广韵》里谈到的木栈道,也指典型的最原始栈道。《辞海》(缩影本)中有解释:"栈道……我国古代在今川、陕、甘、滇诸省境内峭岩陡壁上凿孔架桥连阁而成的一种道路,是当时西南地区的重要交通要道。"

栈道最早兴起于何时,目前还无确切史料。以考古和民族学观点看,远古时代人们多以狩猎为主,为追逐猎物,一般沿山脊开路,没有设栈道的必要。从栈道工程看,没有铁工具是难以施行的。大概是人们进入以耕种为主的时代以后，对水的依赖加强，多沿山谷取行，再加上铁工具的出现，栈道才有了产生的可能和必要。由此判断，栈道应出现在战国时期，这与史书上记载当时"栈道千里，通于蜀汉"、"栈道千里，无所不通"相吻合。

历史上，栈道在中国西南及陕南秦岭大巴山山地产生和分布最广、使用最多，这是与其地理环境密不可分的。中国西南山高水险，交通不便，在现代交通方式产生以前，栈道无疑是平直近捷的一种交通设施。这使得栈道产生有其必要性。

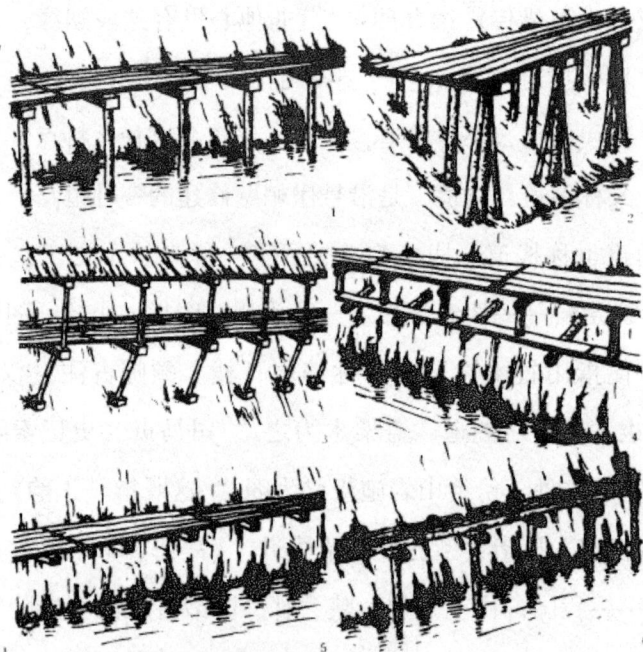

▲ 栈道的各种类型

栈道按材料可分为两大类：

1. 木栈

这其中按形式又可分为 5 类：

（1）标准式。即木栈最基本最原始的形式。是在陡险崖壁上凿孔安木梁，水中立木柱托梁，再在梁上铺木板成路。《诸葛亮与兄瑾书》载："其阁梁一头人山腹，其一头立柱于水中。"即指这种形式。这种栈道形式的遗迹在子午道洋峪韩家崖，褒斜道黑杨坝、秧田坝、高家坝、江口、磨坪、红岩里，景谷道飞鹅峡等处有存。

（2）悬崖斜柱式。在岩壁陡直，河水又深，无法垂直立柱托梁的地方，人们在壁孔下方凿孔立斜柱以托横梁，即悬崖斜柱式。悬崖斜柱式分成直接斜柱型和木秒斜柱型两种。

直接斜柱型是直接在悬崖上将孔凿成倾斜状以立斜柱托梁，在褒斜道柳川摩桥湾有此型遗迹存留。木秒斜柱型清人有记载："偏桥之制，先凿穴石壁上，下二、三丈复凿穴以搭巨木，木斜出秒，与上壁穴平举横木，上穴中复引其首，缀于木秒，势平后固以短或铁或竹索，两木之间则施骄木焉，实土布以版，如是始通人行。"这种形式底柱（木秒）用禅卯方式结合在横出的短下梁上，斜托上梁。其遗迹在子午道石眨峪第一地点、涬峪第二地点Ⅱ、川段、武关道流峪河Ⅴ段、褒斜道江口北段、王家楞西坝、金牛道广元明月峡北段、景谷道南坪、元双河塘、故道徽县双龙崖都有存。

（3）无柱式。俗称空木桥，即《水经注》称的"千梁无柱"式栈道。这类栈道处悬崖，水又深又急，无法立直柱，而路面近水面，难于立斜柱，故采取无柱式。这种形式人行其上十分危险，所谓"逸涉者，浮梁振动，无不摇心眩目也"。为了安全起见，这种栈道多设勾栏（栏杆）相护，唐代曾将金牛道险栈"限以勾栏"，宋人文同《过朝天岭》诗称："且倚钩栏拥鼻吟。"有载："山峻水急，其中多峰岩壁立，难以凿路，募匠跳石成孔，横贯巨木，上覆木板，外作栏杆绕之，如桥梁状，故名曰栈道。"这种形式的遗迹在四川大宁河，广元明月峡南段，褒斜道黑杨坝、西坝、石娅子、李家庄，子午道石泛峪第二、第三地点，滻峪第二地点Ⅰ段，武关道黑龙口1、11段有存留。另无柱式栈道也有一种加固型，即斜张拉型，刘禹锡《山南新修释路记》载把无柱式栈道"柄木短铁而广之"。即在栈道上方凿孔安柄木用铁索拉托横梁，类似今天的斜张拉桥。

为了防流水与滚石和供行人休顿以避烈日雨淋，标准式和悬崖斜柱式栈道还加盖成阁，故又称栈道为阁道。古人计算栈道便以间或阁为单位。山西浑源悬空寺栈道和《名山图》上的栈道图，加盖一般在壁孔上凿一排阁孔装横袱梁，也可在上凿一排阁孔装斜袱梁以托缘板，阁梁与壁梁用木支撑相连，木与木用勾栏相接。

就目前的考察资料看，木栈的基本形制为：栈道孔径，最大80厘米（广元飞鹅峡），最小10厘米（流峪河Ⅴ段），一般以25～45厘米居多。栈道孔深，最深101厘米（武关异），最浅4.5厘米（流峪河Ⅰ段），一般以30～70厘米居多。相比之下，壁孔普遍大于底孔。从残留的石梁、木梁长度，石级和壁孔与底孔垂直距离看，当时栈道路面最宽可达6米，最窄仅0.90米，以2米居多。

（4）汀步式。这种栈道是用木桩在沼泽和稀泥地带插入地下，人行木桩上的一种栈道。这种形式在四川、云南等地有存。其与汀步桥的不同之处有两处：一是汀步桥用草、土、盐、石而不用木；一是汀步桥用于济河，而汀步式栈道为越一大片沼泽地而设。

（5）木筏式。这种栈道多在原始林区，主要为滑木需要，人们将木扎钉成木筏状连接起来，铺于陡险泥泞之处以滑运木材和行人。以往有人将此称为土栈，以用木作用于土得名，但以此分类，前面的木栈则都要改称石栈了。实际上古栈道无土栈之称，只有木栈和石栈之称。

▲ 古栈道

2. 石栈

民间又俗称为偏路，原仅特指凹槽式，现总共应有凹槽、标准、无柱、堆砌4种形式。

（1）凹槽式。将山崖剥凿成石槽，道从槽中通过，民间俗称偏路，是石栈中最典型和最原始的形式，产生较早。李白《蜀道难》中"天梯石栈相钩连"之句，以往注释者均将"天梯"释为"山势高峻如天梯"，而将"石栈"释为"木栈道"。实际上这里的天梯应为木栈，而石栈应为凹槽式石栈。这种木石栈相连的遗迹在褒斜道和大宁河有发现。今瞿塘峡、武关道流峪河柿圆子有存。

（2）标准式。形式与木栈标准式同，只是用石料作梁、柱和板。

今子午道洋峪韩家崖、子午峪第二地点有残存。

（3）无柱式。形式与木栈无柱式同，只是用石料作梁和板。今芦山禁门关、陕西太白县王家楞红岩里、留坝孔雀台有存。

标准式与无柱式两种石栈不用榫卯，不加盖成阁道，是在明清以后木栈毁弃后在原址上设置的，历史一般不长。

（4）堆砌式。用0.3～0.6米见方碎石在与水平面成100～110度角的陡峭石壁上，按几何力学堆砌而成的悬空石道。在今大宁河巫溪县城到大宁盐厂间有存。

栈道在中国许多地方都有分布，但典型的木栈主要分布在四川、陕西、云南、贵州、西藏、甘肃等省区，而其中以四川、陕西两省分布最广，规模最大，史称"栈道千里，通于蜀汉"、"栈道千里，无所不通"，即指今川陕两省。

▲ 三清山古栈道

Wuchubuzai De Kexue Congshu

　　栈道作为中国特有，历史上对南亚地区有较大影响。唐以前法显和宋云多有记载，唐代记载更详，知南亚印度尼泊尔古代多栈道之设。

　　从有关资料看，中国栈道的兴盛时代是在汉唐及北宋。这段时间对栈道多有增设，如汉代杨母在大相岭造阁、李苞修褒斜阁道，隋唐治石门关三十里阁路、晋晖修故道栈阁，五代修斜谷阁道2800余间，宋修白水路栈阁2309间。但明清以来便很少有大规模增设栈阁之举，多为毁栈为偏路的事功。这种改栈阁为偏路早在汉代就有，如东汉李盒便在都阁一带"减西滨之高阁，就安宁之石道"。王升《石门颂》也谈到："或解高阁，下就平易，行者欣然焉。"唐代商州刺史李西华便在武关道栈阁旁吊开偏路以避水潦。今广元千佛岩，汉为栈道，唐代韦皋改为偏路，但宋又设阁道，到明洪武时曹震又将栈道改易为偏路，至于今天。康熙时贾大司马在连云栈开路于岭上，"由是险降而行，无复昔日之治架木，而栈道遂废"。明人王士性认为："今之栈道非昔也，联舆并马，足当通街。"清人吴煮也载："国朝因西睡用兵，屡发努金修栈，嵘岩尽辟，旧路亦多改行，遂不见所谓阁道者矣。一彼时架木为阁，故可烧也。若今之栈道，岂复能烧乎。"

　　从宋元开始，栈道数目急减，如前面所录褒斜道150里区间从宋到明共减少714间。最终，由于历史和自然的原因，栈道退出了历史舞台。

　　明修栈道，暗渡陈仓，告诉我们有时候表面的绝境未必是真的绝境。山重水复，也许会柳暗花明。

⭐ 登堂入室：古代的建筑格局

王国维曾在《人间词话》中说："古今之成大事业、大学问者，必经过三种之境界：'昨夜西风凋碧树。独上高楼，望尽天涯路。'此第一境也。'衣带渐宽终不悔，为伊消得人憔悴。'此第二境也。'众里寻他千百度，蓦然回首，那人却在，灯火阑珊处。'此第三境也。"说起来，如果达到了可以用"登堂入室"形容的地步，那么不是第三重境界，也是第二重了。

▲ 承志堂前厅正景

堂，古代建筑的前厅；室，房屋后厅。先入门，再升堂，最后入室，这是古代房屋的格局，后来"登堂入室"转义表示做学问的几个阶段。"入室"犹如今天的俗话"到家"，比喻在学问上有了高深的造

诣。这个成语典出《论语·先进》："由也升堂矣，未入于室也。"清·李渔《闲情偶寄·声容·习技》中说："听其翻阅，则书非书也，不怒不威而引人登堂入室之明师也。"

提到"堂"与"室"，就要说起古代建筑的平面格局了。中国建筑艺术是世界建筑史上延续时间最长、分布地域最广、有着特殊风格和建构体系的造型艺术。

古老的中国建筑体系大约发端于距今 8000 年前的新石器时期。在原始社会早期，原始人群曾利用天然崖洞作为居住处所，或构木为巢。到了原始社会晚期，在北方，我们的祖先在利用黄土层为壁体的土穴上，用木架和草泥建造简单的穴居或浅穴居，以后逐步发展到地面上。南方出现了干栏式木构建筑。

进入阶级社会以后，商代已经有了较成熟的夯土技术，建造了规模相当大的宫室和陵墓。西周及春秋时期，统治阶级营造很多以宫市为中心的城市。原来简单的木构架，经商周以来的不断改进，已成为中国建筑的主要结构方式。这时候，房屋建筑已形成明确的格局，结合出土遗址和古文献记载可了解当时的情况。贵族的住宅用墙垣围住，垣有门，门内为庭，即院子。讲究的住宅还要设一道门，即闱，又叫寝门。

战国时期，城市规模比以前扩大，高台建筑更为发达。秦汉时期，木构架结构技术已日渐完善，其主要结构方法抬梁式和穿斗式已发展成熟，高台建筑仍然盛行，多层建筑逐步增加。隋唐时期是中国古建筑体系的成熟时期。唐朝的城市布局和建筑风格规模宏大，气魄雄浑。唐朝的住宅，根据主人不同的等级，其门厅的大小、间数、架数以及装饰、色彩等都有严格的规定，体现了中国封建社会严格的等级制度。这一时期遗存下来的殿堂、陵墓、石窟、塔、桥及城市宫殿的遗址，无论布局或造型都具有较高的艺术和技术水平，雕塑和壁画尤为精美，是中国封建社会前期建筑的高峰。宋代是建筑的成熟时期，建筑的平面格局也比较稳定。这一时期出现了重要的建筑文献《营造法式》。明清时期，是建筑发展的最后一个高峰，平面格局更加模式化、等级化。

　　一般的建筑，由外而内的次序是门、庭、堂、室。进了门是庭，庭后是堂，堂后是室。室门叫"户"，室和堂之间有窗子叫"牖"，室的北面还有一个窗子叫"向"。一般都是坐北朝南。

　　堂在最前面，"堂卜"是庭（内庭），堂在高台上，堂前有阶梯，早期左右各一，称西阶、东阶，按主客尊卑行走。到了晚期，一般都有左、中、右各一，按人的等级身份行走，主客尊卑不明显。

▲ 成都阳子山出土的汉代画像砖

汉代时堂有东、西、后三面墙，东西墙分别称做东序、西序；堂的

南面立两根柱子，称都柱，或东楹、西楹（实际有时不止两柱）。后代房前的廊子以及现在南方地区前后开门的"堂屋"，即来源于堂。堂没有南墙，因而敞亮，于是又名"堂皇"。后来"堂皇"引申为气势宏大之意，也做"堂而皇之"，形容气派很大，或形容不加掩饰，公开行动。

从上图的汉代住宅格局中可以看出：这个住宅四周有围墙，分为左右两个院落，右侧有门、堂，是主要部分；左侧是一些附属建筑。右侧外部油装置栅栏的大门，门内又分为前后两个庭院，绕以木构的回廊，后院有面阔三间的单檐歇山式房屋，屋内有两人席地而坐，为房屋主人平时活动、待客的地方的"堂"。

堂后是室，是主人休息处。堂到室有户（即房室之门）相通。要入室必先登堂。所以《论语·先进》写孔子批评子路鼓瑟的技术不佳，因而同学们对子路不敬，于是孔子就说："由也（子路名由），升堂矣，未入室也。"这是用进入室内比喻功夫"到家"。虽未入室，但已升堂，是说子路的造诣也差不多了。后世以"升堂入室"表示得到要谛、真传，即来源于此。

室内有四角，古代称为隅。《论语·述而》中说："举一隅不以三隅反，则不复也。"意思是，老师讲出室的一角而学生不能联想类推其他三个角，就不再重复指点了。这也说明了学习积极性的问题。

室内四角都有专门名称，西南角叫"奥"；西北角叫"屋漏"；东北角叫"宦"（音读"夷"）；东南角叫"窔"（音读"要"）。阳光从门、窗入射进来，室内北边亮南边暗，南边两角以"奥"、"窔"为名，都有幽深、黑暗的意思。"屋漏"与"宦"这两个名字的来源很多，大多附会礼制，难以自圆其说，估计与原始社会的住室情况有关。

▲ 古代民居一例

　　常见还有"堂奥"一说，升堂而后入室，西南角为奥，由此"堂奥"引申作深奥的道理。古代文人治学略有门径，常谦称自己"未窥堂奥"，意思是刚入门，还未深入。这正好与"登堂入室"意思相反。

　　现如今人口越来越多，房价涨成天价，有一屋栖居成为无数人奋斗的目标——登堂入室的那一份雅致从容，恐怕也只在书中才有了。

★ 方枘圆凿：古代的榫卯结构

世界上没有两片完全相同的叶子。有的人一见便觉相识恨晚、志趣相投，而大千世界，也注定了有的人相见便是格格不入、不能相容——所谓"方枘圆凿"。

"方枘圆凿"语出西汉·司马迁《史记·孟子荀卿列传》："持方枘欲内圆凿，其能入乎？"清·金农《秋雨坐槐树下书怀》云："方枘圆凿匪所用，顾者却避多猜嫌。"枘，榫头；凿，榫眼。这个成语形容方榫头不能楔进圆孔洞、方枘装不进圆凿。比喻格格不入，不能相合。另外有句俗语："丁是丁，卯是卯"（丁，同"钉"，即榫头；卯，即卯眼）也是用枘凿作喻的，不过含义与"枘凿"不同。它是形容办事认真，绝不马虎，好比榫头和卯眼，不能有一点差错。

什么是榫卯呢？榫卯又是干什么用的呢？其实，榫卯是中国古代建筑上的一种结合方式，也可以说中国传统建筑最显著的特点之一。它连接了梁柱、斗拱、屋架，使整栋屋子不用一颗钉子就可以坚韧牢固的结合起来，形成"屋倒墙不塌"的特点。它的发展和完善反映了古代工匠的智慧和技巧，与中国文化有着密切的关联。凹凸的契合状态，诱发出"阴阳互补，虚实相生"的哲理意蕴。

榫卯即是接驳口。利用凹凸方式来相接的地方，就是榫卯。凸的部分叫做榫，凹的部分叫做卯。榫卯联结方式在中国产生很早，考古发现，距今约7000年的浙江余姚河姆渡遗址中，有大量杆栏式房屋建筑。

房屋由桩、柱、板、梁、杭等许多构件组成，在这些构件上大都带有榫卯。其榫卯的式样有多种，如燕尾榫、梁头榫、双凸榫、柱头榫、柱根榫（管脚榫）、企口榫等。其中企口板两侧各凿出一道宽 10～25 毫米、深 23 毫米的企口，口内插入砍削成梯形截面的木块，衔接不见通缝，是一种较高级的密接拼版工艺。这些榫卯当时是用石斧、石凿、骨凿之类的工具制作，制作难度可想而知。距今四五千年的黄河流域村落的木结构物中也发现榫卯联结。例如，河南汤阴白营的一座水井，用井字形木架加固井壁，在井架木棍交叉处有榫眼。又如，青海乐都柳湾一些墓葬中的木棺，在底板下和盖板上各有横向的三条木板，上下对应。木板两端伸出并凿有圆形卯眼，与竖立的木柱紧密联结，形成三个框架，把棺板牢牢固定住。

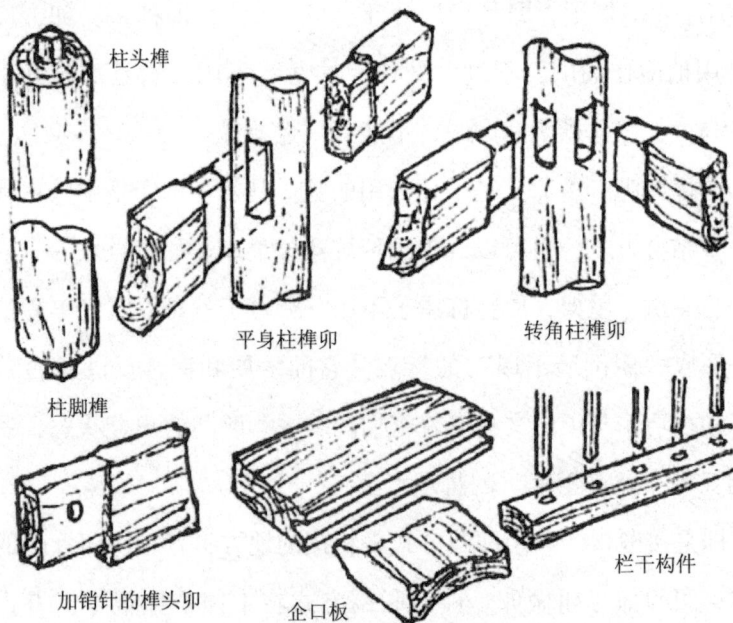

柱头榫　平身柱榫卯　转角柱榫卯　柱脚榫　加销针的榫头卯　企口板　栏干构件

▲ 河姆渡遗址所见部分榫卯

西周时期，青铜工具的使用促使木工技术进一步发展，到春秋战国时期，木工技术达到相当精细的地步。

考古研究发现，战国时木工已有直榫、半直榫、燕尾榫、半燕尾榫、圆榫、端头榫、嵌榫、蝶榫、半蝶榫、宽槽接合、窄槽接合、切斜加半直榫等十多种榫卯接合类型。当时的木工匠师不但能熟练地运用各种方式，而且对这些方法在受力性能、工艺制作与装饰功能方面的优缺，也有了较科学的认识，可按照器物的不同要求恰当地选用。例如，燕尾榫箱角接的接合强度大，加工难度亦大，多用于牢固度要求高的整体式木棺，而现场拼装的木撑则使用结合强度较低、加工难度较小的宽槽箱角接。又如，透榫的接合强度大，但不甚美观；不透榫的特点与之正好相反。于是，在制作木几时，对要求美观的木几面采用不透榫，而在要求强固的足座底面采用透榫，使技尽所用，各得其宜。再如，在不施胶的情况下，各种接合方式中以燕尾榫的强度为最大。但在外力作用下，榫颊尖端易产生顺纹的剪切破坏，因此，应把榫颊倾角限制在某一临界角之内，现代细木工艺理论研究指出，这一临界角约为10度。

根据对战国木器实物的测算，燕尾榫倾角平均值在 7 ~ 12 度，这表明当时工匠对此问题已积累了宝贵的经验，在工艺实施上达到稳定的、较高的技术水平。可以说，现代细木工艺所掌握的主要榫卯结构，包括技术实践与理论，在战国时代几乎都已被发明和应用。千百年后，明清时期以榫卯结构制作的家具又达到新的巅峰，成为中国及世界木工艺技术史上足以称道的成就。

中国的古建之所以采用榫卯连接，不仅缘于当时的木料充足和施工简便，还因其抗震能力较强。历史已经证明，中国的木构建筑能够抵御

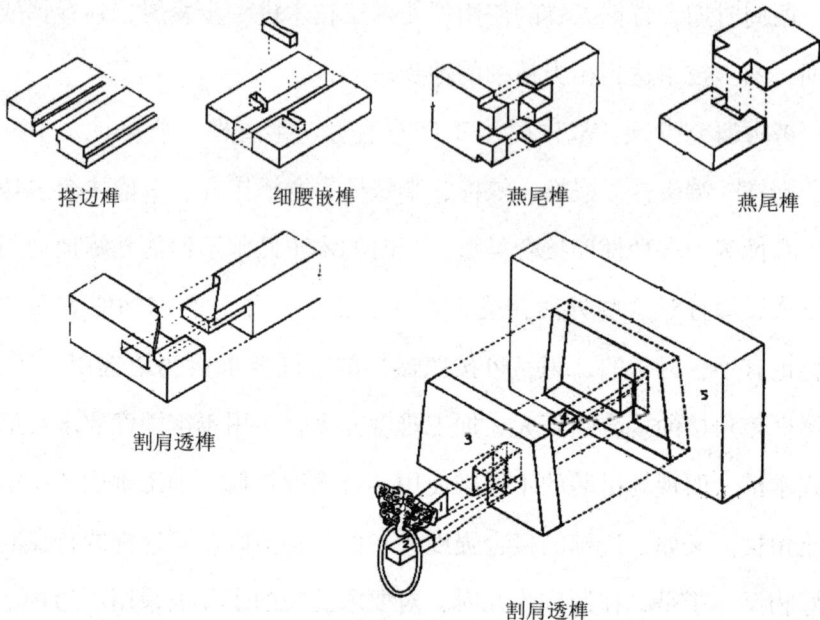

搭边榫　　　细腰嵌榫　　　燕尾榫　　　燕尾榫

割肩透榫

割肩透榫

▲ 战国时期榫卯

里氏七八级的地震。地基的振动虽然会引起榫卯连接的木结构基石的运动，但基石与木柱间因没有固定联结，可以允许一定量的水平位错，于是便大大降低了地基传到结构的水平振动能量，加之木结构具有自重小、弹性好、可容许的变形幅度大等特点，故木结构的延性大、耗能能力强、抗震性能好。其次，也是极重要的一点，榫卯结构把柱、梁、斗拱、凛、椽紧密地联结成了一体，形成了富有韧性的柔性

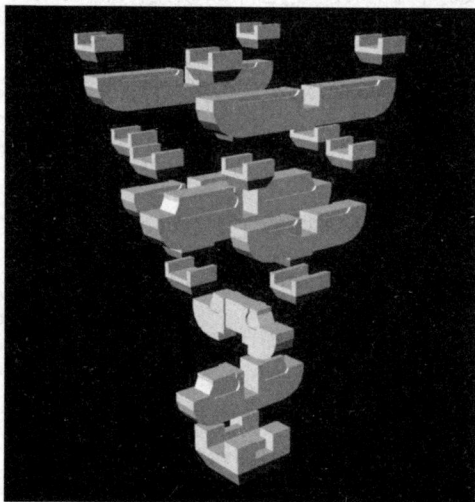

▲ 斗拱榫卯图

联结结构，彼此间没有或仅有极弱的相对运动，避免了局部振动和应力应变的集中。基于这些因素，中国传统的木结构虽屡经地震洗礼，但鲜有倒塌。

榫卯结构简化了复杂的联结程序，使两块材料在不需第三者的介入下实现牢固连接，是一种最简单、稳定而普遍适用的连接方式，它的应用极其广泛。人们日常生活中的衣服按扣、飞机上的安全带、火车车厢的挂钩、航天器的对接系统等都借用榫卯结构实现分合；军事上，枪械可以快捷拆卸拼装而不用螺钉；计算机的显示卡可简便插入而固定，都是榫卯的神力。一些复杂结构中，往往榫里套着榫，卯里含着卯，如古代宫殿的斗拱，就是这种复杂榫卯结构的代表。事实证明，精髓的技术不会被历史的长河所湮没，而会随着时代的脚步不断地发扬光大。

千里之堤，毁于蚁穴：古代的堤防建设

三国时蜀主刘备临终，对自己的儿子刘禅有如下告诫："勿以善小而不为，勿以恶小而为之。"说的是有的事情虽然看起来微不足道，但日积月累，形成习惯，好的便能最终成功，而坏的就会导致崩溃。——所谓千里之堤，毁于蚁穴。

"千里之堤，毁于蚁穴"，又作"千里之堤，溃于蚁穴"。本自《韩非子·喻老》："知丈之堤，以蝼蚁之穴溃；百尺之室，以突隙之烟焚。"这篇文章赞扬的是魏国的筑堤专家白圭，说他能发现并堵塞堤上的蝼蚁洞穴，从而保护了堤防安全。意思就是千里长的大堤，由于小小的一个蚁洞而招致溃决。比喻小事不注意，终究会出大问题。

▲ 千里之堤，毁于蚁穴

这个成语中提到的堤防，千百年来犹如一位守护神，保一方平安，使黎民百姓安居乐业，芸芸众生各得其所。堤防，顾名思义就是一种用土、石、混凝土等材料在江、河、湖、海的岸边筑成的挡水建筑物。最初的堤防可以追溯到原始社会。人们的生存离不开水，但往往又受到洪水泛滥之害，起初人们"择丘陵而处之"来躲避洪水灾害，后来随着生产力的发展，人们便在较小的范围之内修筑一些原始的堤坝（最初只称作"防"。《周礼·地官·稻人》便有"有以防止水")来积极地抵御洪水，保护住处和庄稼。我国古代就有共工"氏壅防百川"和"鲧障洪水"、"鲧作城"的传说，"防"和"城"大概就是比较原始的堤防。

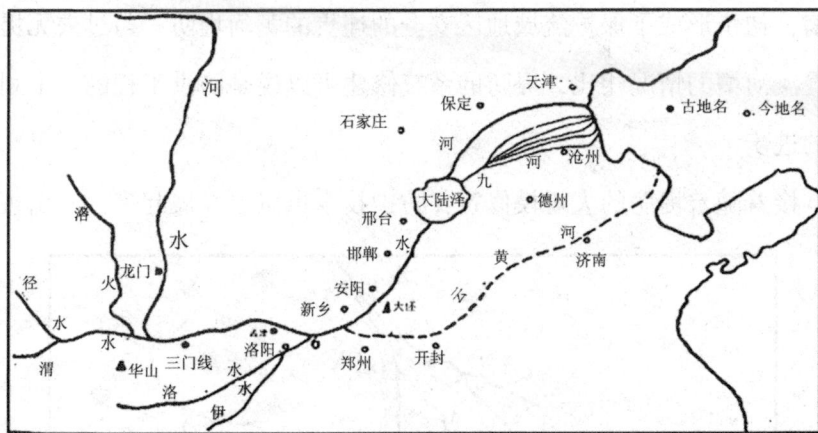

▲ 禹河经行地区略图

公元前21世纪前后，在中国就有黄河上筑堤防洪的传说。西周时代《国语·周语上》记载有"防民之口，甚于防川，川壅而溃伤人必多"的警语，可见当时的堤防已有一定规模。到了春秋战国中期，堤防已经较为普遍，当时诸侯各国为避免以邻为壑、以水代兵，在公元前651年的葵丘之会上订立了水利盟约，其中就有"毋曲防"、"毋曲堤"的条款，至于西汉末贾让"盖堤防之作，近起战国"的说法，是指战国时期黄河下游出现的较有规模、较为系统的堤防。

战国时期的堤防之所以得到了一定的发展，是因为铁制工具的广泛使用，促进了黄河下游地区的开发，人口繁衍，城市也随之兴建。当时黄河下游经行和滨河的主要有齐、赵、魏三国。齐国地势较低，易受黄河洪水之害，齐国便在离河12.5千米处筑堤防护。洪水威胁转嫁到赵国，赵国也赶紧在离河12.5千米处建堤筑防。位于上游的魏国不愿吃亏，便如法炮制，也筑堤保护地盘。各国堤防相邻的部分有着共同的利害，结果使堤防相互衔接，黄河主流在左右相距25千米的两道堤防间游荡，初步形成了保护流域地区安全的连贯的黄河堤防，与过去无堤洪水漫溢河槽的情况相比，堤防的系统修建可以说是防洪工程的一个划阶段的进步。

接着随着堤防的大规模修筑，防护技术也跟着发展起来，并出现了

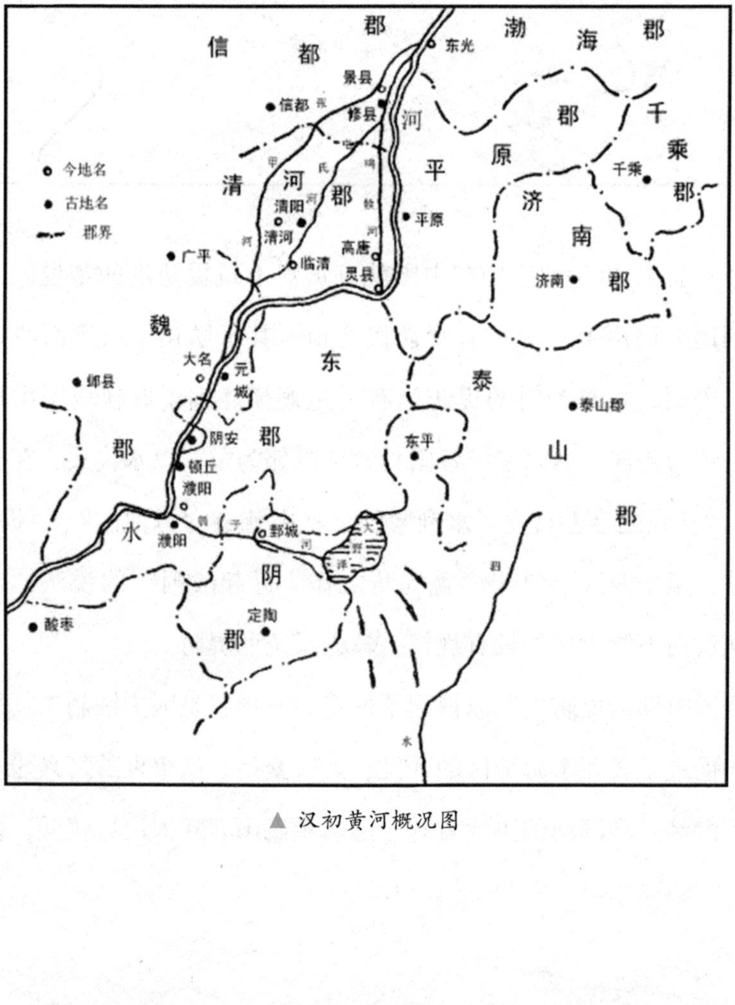

▲ 汉初黄河概况图

像白圭这样的筑堤防护专家。白圭（前370～前300），名丹，战国时人，梁（魏）惠王时在魏国做官，后来到齐国、秦国。《汉书》中说他是经营贸易发展生产的理论鼻祖，即"天下言治生者祖"。他既是先秦时商业经营思想家，同时也是一位著名的经济谋略家和理财家，堤防工程是他所擅长的一项。《孟子·告子下》中记载他关于治水的说法："丹之治水也，愈于禹。"文献记载，白圭的堤防堵漏工程中主要应用"茨防"，"治水者茨防决塞"、"茨其所决而高之"。"茨"是芦苇、茅草之类的植物，可用来苫盖屋顶，称"茅茨土阶"。"茨防"就是用"茨"做成的防，据认为是最早的草埽。后来埽的发展又用了树枝、秫秸等材料。

堤防的出现为社会发展提供了新的保障。从技术的角度讲，堤防的应用也标志着治河方法达到了新水平。上古时代共工和鲧治水采用"障"（阻拦）法，大禹治水改用"疏"（疏导）法，由"障"到"疏"是一大进步。疏浚可以增加河道的泄洪能力，但还不能有效地控制洪水。而堤防的系统修建可扩大河床的容纳水量，防止洪水漫溢出槽。由"疏"到"堤"，是治水的又一大进步。综观上古到战国，治水技术发展是"障"—"疏"—"堤"的过程。"千丈之堤，以蝼蚁之穴溃，……白圭之行堤也，塞其穴，……是以白圭无水难。"可见，当时人们对堵塞危害堤防的蚂蚁、蝼蚁之类的洞穴，已有很大把握。

在大规模筑堤技术实践的基础上，战国时代有关的土力学知识也得到积累和总结，这在先秦著作《管子》和《考工记》中有详细记载。

针对黄河流域的气候特点，《管子》提出夏历三月是堤防施工的好季节，该季节土料含水量比较适宜（土壤含水量是影响土料工程物理性质的主要因素），容易保证施工质量。这时节河川处于枯水期，可以取河床滩地上的土筑堤。既起到疏浚河床的作用，同时又节约了堤外土料，以保证夏秋防汛抢险的土料来源，这个技术原则直到今天还在使用。掌握堤防横断面的合理形状以及边坡陡缓的程度，是保证堤防稳定的又一重要因素。任何土料都有维持其物理性质稳定所必须的边坡，当时人们已有一定认识。《管子》提出，堤防横断面要做成"大其下，小其上"的梯形。参照《考工记》的记载可知，在堤防底宽与高大致相等的情况下，边坡应"叁分去一"，也就是取三比一的边坡。

战国以后，生产力的进一步发展，堤防在社会经济中的作用日渐重要，于是，规模不等、型式各异、材料不同的各种堤防便应运而生。而今，堤防的设计手段、结构型式、材料、修筑技术、规模等方面已非昔日可比，在防洪保安中的社会效益也日益突出。从材料上看，有土堤、

▲ 古代苏州临海筑堤

石堤、混凝土堤、钢筋混凝土堤等等。就其作用而言，有防洪堤、防潮堤、防波堤、潜堤、护城堤、导航堤，历代治河中还有刺水堤、减水堤、遥堤、缕堤、格堤、月堤、越堤。另外，就作用大小还有主堤、支堤、一道堤、二道堤、备堤、子埝等之分；古时还根据保护范围分为民埝和圩、官圩等。

我国素以农业立国，因而历代统治者为维护其统治都比较重视水利，修筑堤防便是水利事业的一项重要内容。

公元前 132 年，黄河在瓠子决口，汉武帝亲临堵塞决口，并写下了著名的《瓠子歌》。据载，乾隆皇帝六次南巡，就有五次亲临海塘工地指导督察，还说"海塘为越中第一保障"。

历史上不少颇有作为的地方官员，任职期间亦与当地民群一起修堤筑坝，兴修水利，后人为纪念他们的功绩，便用他们的姓来命名。就堤而言，有杭州西湖的白堤（白居易）、苏堤（苏东坡），苏北的范公堤（范仲淹），汉口的张公堤（张之洞）。还有一些因造价昂贵，即所谓"日耗斗金"，便称之"金堤"、"银堤"、"寸金堤"。

千百年来，关于堤，还流传着不少民间传说，如河南濮阳县就有

▲ 苏堤

"秦始皇跑马修金堤"之说，而最脍炙人口的莫过于杭州西湖的白堤上许仙与白娘子"断桥相会"所演绎的千古爱情故事。

同样，历代诗词歌赋，对堤亦有生动的描绘：白居易的"最爱东湖行不足，绿杨阴里白沙堤"；韦庄的"无情最是台城柳，依旧烟笼十里堤"；周邦彦的"隋堤上，曾见几番，拂水飘绵送行色"；著名美籍作家江南先生亦写过赞美家乡"喜闻百里江堤"的文章……不少堤经人们的装点，而成为旅游胜景：比如被列为西湖十景之首的苏春晓堤；白堤上的"断桥残雪"；北京颐和园中昆明湖的东堤等等。

▲ 白堤上的"断桥残雪"

"千里之堤，溃于蚁穴"，纵坚固的千里长堤，也会因为看似微不足道的白蚁蚕食而毁于一旦。换个角度想想，许多事情，不都是枝枝叶叶总关情——于细微处见精神的吗？

成语中的医学与生物学

⭐ 伯乐相马：古代的相马术

　　人生中总会有各种各样的人来来往往，有的萍水相逢，有的一见如故。其中有一类，人们总是会对他们特别的尊重和感激，因为他们的知遇之恩。古孔明鞠躬尽瘁，死而后已，不过为了报答刘备那三顾茅庐的知遇之恩。所谓士为知己者死。伯乐相马，若然没有伯乐，再好的千里马也枉然。

　　"伯乐相马"语出汉·韩婴《韩诗外传》卷七："使骥不得伯乐，

▲ 伯乐相马图

Wuchubuzai De Kexue Congshu

安得千里之足。"唐代韩愈《杂说》："世有伯乐，然后有千里马。千里马常有，而伯乐不常有。故虽有名马，只辱于奴隶人之手，骈死于槽枥之间，不以千里称也。"真切地描述了伯乐的重要。

伯乐相马，这个成语指伯乐观察、品评马的优劣。伯乐又喻指有眼力者发现、荐举人才。伯乐，相传为秦穆公时人，姓孙名阳，善相马。我国古代神话传说中，管天马的星名叫伯乐，人们为了表示对孙阳的尊敬，便也称他伯乐。关于伯乐，《列子》、《庄子》、《战国策》等古籍都记载了他的故事。如《战国策·燕策二》中的故事说：有一人要卖骏马，连续三个早晨站在市场上，却不见有人来问价。这人便求伯乐帮忙。伯乐答应了他。第二天，伯乐到市场上，绕着那匹马看了看，离开时又回头看了看，一个早晨马价竟上涨了十倍！

相马，其实是古代兽医学和生物学的重要组成部分，即根据马的外形特征和生理学等特点来鉴别马的优劣，从而衡量它们的使用价值。掌握科学的相马知识，有助于挑选各种不同用途的良马，尤其是马术运动用马。距今四五千年的新石器时代晚期，马已被我们的祖先驯养成为家畜。随着社会的发展，马由食用逐渐转向役用和军用。养马业兴起，促进了对动物形态结构的认识和生理学知识的积累。在养马的实践过程中，古人认识到马的形态生理和生产机能之间具有一定的联系，逐渐形成了相马的知识。相畜是古代兽医学的重要组成部分。

伯乐是我国春秋时代著名的相马专家，他运用机体结构与功能密切相关的原理相马，比欧洲人提出的比较外形学说要早两千多年。历代相马术的发展，皆源自伯乐的相马理论。我国历代养马者和求马者都崇尚伯乐和千里马。

▲ 伯乐相马雕塑

　　伯乐总结了过去以及当时各地相马专家的经验，加上自己实践中的体会，写成了《相马经》，奠定了中国相畜学的基础。这部著作后来失传，但相马的基本知识却世代相传，延续至今。伯乐除相马外，还善治马病。据《庄子·马蹄篇》记载，"烧、剔、刻、雒，仅落四下"始自伯乐。"烧"指烧烙治马病和在马蹄上打火印，"剔"指剔除鬃鬣和梳刷马体，"刻"指削刻蹄甲或修蹄，"雒"指维络，即加笼头、口勒。

　　后人根据伯乐的业绩，托其名写成了《伯乐相马经》、《伯乐针经》、《孙阳集》、《伯乐遗书》、《伯乐新书》、《伯乐明唐论》及《伯乐画烙图歌》等。因此，伯乐被誉为中国相马学和治马病的鼻祖。

　　汉代出现了"以相马立名天下"的著名相马家黄直、陈君夫等，并有相马专著问世。这在 1972 年长沙马王堆汉墓中出土的相马帛书可以得到佐证。这部书总共 52000 字，用"得兔与狐、鸟与鱼，得此四物，毋相其余"来概括相马的经验，也就是对良马的外形提出了具体要求："欲得兔之头与其肩，欲得狐周草与其耳，与其肫，欲得鸟目与颈膺，欲得鱼之奢与脯。"特别是对相眼更重视，"欲目上辕晨（环）如半月"，即形容上眼眶或眼盂部须丰满如半月；《帛书·相马经》特别用专段讲马眼睛的相法，一连提出 15 个相互连贯的问答，开始是："眼，大盈大走，小盈小走，大盈而不走，何也?"联系眼的盈满程度、光泽和活动性、睫毛跟眼部肌肉的功能等因素，进而又联系马是否善走，甚至把马体和目力能否适应环境的变化，归因于生活条件和消化代谢是否适宜，最后到鉴别目光和神情的表现，充分反映了古代相马家的精湛知识和察验事物的认真精神。

由此我们可看出，汉代时古人对马的形态学、解剖生理学的知识已经很精确了。《帛书·相马经》的科学价值在于：它使今人见到了长期失传而重现于世的最古的畜牧著作，证实了我国古代相马的悠久历史，使我们了解到古代相马的生物学基础知识的深厚程度。

▲ 马援

东汉初年，杰出的养马家和相马家马援（公元前 14～公元 49），继承西汉东汉四代名师子舆、仪长孺、丁君都、杨子阿的相马经验，采取先辈相马家仪氏、中帛氏、谢氏、丁氏确定相马部位的特长，并结合自己丰富的实践经验，认为："传闻不如亲见，视景不如察形，今欲形于生马，则骨法难具备，又不可不传后世。"在西汉相马家东门京铜马的基础上，约于公元 45 年重新创制铜马立于洛阳宫中。

该铜马高三尺五寸，周（从头到尾）四尺五寸。由此形成了历史上有名的铜马相法，其要点是："水火欲分明，水在鼻两孔间也；上唇欲急而方，口中欲红而有光，此马千里；腹下欲平满，汗沟欲深长，而膝本欲起，肘腋欲开，膝欲方；蹄欲厚三寸，坚如石。"

马援的铜马模型，相当于近代马匹外形学上的良马标准型。它不仅是中国相马学的一项重大成就，也是世界相畜术发展史的一件大事。欧洲直到18世纪才有类似的铜质良马模型问世。后汉以后，历三国、两晋、南北朝，中国处于动荡的分裂局面。当时马政很少建设，但相马术仍有一定程度的发展。

北魏时代（530～540），贾思勰的《齐民要术》阐述了对马的外形鉴定，先是淘汰严重失格和外形不良的"三羸五驽"，再相其余。所谓"三羸"，即"大头小颈一羸，弱脊大腹二羸，小颈大蹄三羸"；所谓"五驽"，就是"大头缓耳一驽，长颈不折二驽，短上长下三驽，大骨短胁四驽，浅髋薄髀五驽"。

▲ 贾思勰

从解剖学上看，"三羸五驽"的马都是整体失调有严重缺陷的，当然在骑乘和负重上不能合格，理应淘汰。继之，《相马经》就马的形态整体和局部鉴定提出了明确要求，整体是："马头为王，欲得方；目为丞相；欲得光；脊为将军，欲得强；腹胁为城郭，欲得长；四下为令，欲得长。"这五句很生动形象地概括了良马的标准形象。其中王、侯、将、相、城、郭、令是比喻说明各部分作用及重要性的。局部要求依次是："头欲得高得重少肉"，"眼欲高、眼如铃、光亮"，"耳欲相近前竖、小而厚"、"鼻欲广方、孔大"，"唇欲上急而方下、缓厚多理"，"齿周密、满厚、左右不蹉"，"颈长、肌肉发达"，"胸宽、腔大"，"背平广、腹大垂"，"两髂及中骨齐，肩骨深、臂骨长、膝有力、股骨短、胫骨长"和"四蹄厚而大"。这些外形鉴定的要求都是从实用出发，鉴定要领达到相当精深完备的程度。

《相马经》还提出了相马五脏法："肝欲得小；耳小则肝小，肝小则识人意。肺欲得大，鼻大则肺大，肺大则能奔。心欲得大；目大则心大，心大则猛利不惊，目四满则朝暮健。肾欲得小；肠欲得厚且长，肠厚则腹下广方而平。脾欲得小；赚腹小则脾小，脾小则易养。"这说明当时人们已经了解动物外部形态与内部器官之间、内外各器官之间、结构与功能之间的相关性；注意从外表联系到内部，以判断马的生产性能，给予科学的评价。《相马经》还提出了利用口色鉴定牛质健康状况和生产性能，提出筋骨和马的华质分类差异。

《相马经》最后用十二个字概括指出千里马的典型是："龙颅突目，平脊大腹、（股）重多肉"。此标准集头颅、中躯和后躯三大主要部分的良型要求于一马，真是既复杂又简单，既全面又精要，既形象又生动，体现了很高的认识水平。

唐代的相马术，在历代相马理论和实践的基础上，更有显著进步。李白著的《司牧安骥集·相良马论》提出了相马的总纲："马有驽骥，善相者乃能别其类。相有能否，善学者乃能造其微。而善相者掉手飞麋，指毛命物，其质之可取者，牧畜攻教，殆无遗质；自非由外以知内，由粗以及精，又安能始于形器之近，终遂臻于无机之妙哉！"《司牧安骥集·相良马宝金篇》指出："三十二相眼为光，次观头面要方圆。"意为强调相马的要领是掌握相眼的技术，若系"龙头突目"，则属好相，一定是良骥。

《司牧安骥集·相良马论》对马匹各部位的相法提到："马头欲得高峻，如削成，又欲得方而重。宜少肉，如剥兔头；马眼欲得高，又欲得满而泽，大而光，又欲得长大，目大则心大，心大则猛而不惊；马耳欲得相近而前立，小而厚，又欲得小而促，状如削竹，耳小则肝小，肝小则识人意；马鼻欲得广大而方，鼻中色欲得红，鼻大则肺大，肺大则能奔；形骨望之大就之小，筋马也，望之小就之大，肉马也。"以上说明马体各部位之间的相互关系和内外联系，具有统一的整体观。

《司牧安骥集》还指出："相马不看先代本，一似愚人信口传。"按现代的说法，是看本马的同时，还要了解该马上代的情况如何，把外形鉴定和遗传结合起来。唐代相马学的进步，还表现在对一些迷信的说法开始采取批评的态度。如《司牧安骥集·旋毛论》阐述："如其旋毛之生，或在其左，或在其右，或在其前，或在其后，而命之以名，因其名而遂有吉凶之说。大抵相马之法，当以形骨为先，旋毛排其一端耳。且马之有旋，未必果为凶也，而畜之者，事或不祥，则归咎于马，以谓马致然也，岂理也哉！昔人固尝有议其居处者，而曰人凶非宅凶，兹诚通达之论也。"马的旋毛，本不足奇，根据旋毛的位置、方向判断凶吉，显然是迷信的说法。《旋毛论》在一千多年前就能对这种谬论给予严正的批判，并指出相马"当以形骨为先"，其科学精神是了不起的。

唐代以后，五代十国，直到宋元明清各个朝代，中国的相马理论和实践，基本上不超出《伯乐相马经》、《齐民要术》、《司牧安骥集》有

▲ 骏马

关篇章的范畴。总体上说，相马术是发展得比较成熟的一个兽医学分支，有着一定的经验和成果，反应了古人在这一方面的成就。

伯乐相马，若无千里马，伯乐无用武之地；若无伯乐，千里马可能被埋没。若有选择，你愿意做千里马还是伯乐？

⭐ 以毒攻毒：中医的独特疗法

小说中常有这样的情节：主人公由于种种原因被恶人下了某种号称无解的天下奇毒，遍寻无医。后来机缘巧合之下又中了另一种剧毒，二毒相加非但未死，后者反倒成了前者的解药，让读者感叹天无绝人之路——这便是"以毒攻毒"了。

"以毒攻毒"语出宋·罗泌《路史·有巢氏》："而劫瘤攻积，巴菽殂葛，犹不得而后之，以毒攻毒，有至仁焉。"指用毒药来治疗毒疮。比喻用不良事物或本身的矛盾反对不良事物，或用恶毒手段来对付恶毒的手段。明·陶宗仪《辍耕录·骨咄犀》："骨咄犀，其性至毒，而能解毒，盖以毒攻毒也。"明·冯梦龙《醒世恒言·陈多寿生死夫妻》："今日服了毒酒，不意中，正合了以毒攻毒这句医书，皮肤内进出了许多恶血，毒气泄尽，连癞疮也渐渐好了。"清·张集馨《道咸宦海见闻录·道光二十二年》："漳属向以若辈能知盗线，故编入营，以毒攻毒，其中亦有流弊。"

《说文解字》中对第一个"毒"字的解释如下："毒，厚也，害人之，往往而生，从毒。"可见此"毒"可指药

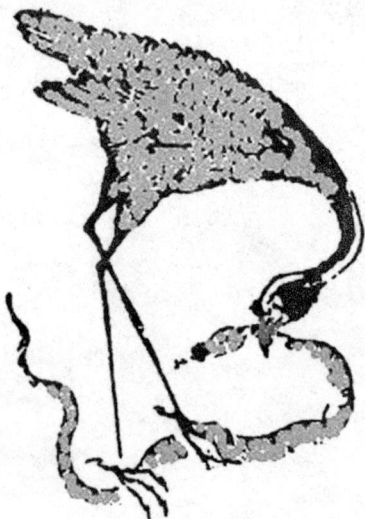

▲ 传说中的猛禽鸩，用其羽毛制成的酒就是鸩酒

Wuchubuzai De Kexue Congshu

物，通常指毒性较剧烈的药物。王冰注："能攻其病，谓之毒药。"

《类经》曰："毒药，谓药之峻烈者。"亦可指治病的方法、手段。

《说文通训定声》："毒假借为督。""督"与"治"通义。攻，治也，除指攻下、泻下外，还可泛指一些特殊的治疗手段，与补法相对。活血化瘀、破血消、软坚散结、荡涤逐痰、通里攻下、破积导滞等都可称为"攻"法。

《周礼·天官》："凡疗疡，以五毒攻之。"

《医学源流论》："实邪之伤，攻不可缓，用峻厉之药。"可为例证。其他疗法亦然。如《灵枢·癫狂》言："左强者攻其右，右强者攻其左，血变而止。"

▲ 古代常用的军用毒药乌头

《伤寒论·辨太阳病脉证并治》："微数之脉，慎不可灸，因火为邪，则为烦逆，追虚逐实，血散脉中，火气虽微，内攻有力。"而第二个"毒"既指疾病险恶，进展迅速，病情危重的一类疾病，也可指某些因"毒"所致的暴烈、传染、秽浊、缠绵、重笃之邪等病症。

事实上，现实中虽没有小说描写的那么夸张，但艺术本源于生活，而"以毒攻毒"也是中医的一种重要且独特的疗法。其思想萌芽可上溯到《周易》。《易·乾》："同声相应，同气相求。水流湿，火就燥。"其含义是指万事万物在相互联系的各个方面，只要在某一点上存在相同，便会在某一方面存在着亲和召感、互补顺应、协调有益的联系和作用。

"以毒攻毒"可以认为是"同气相求"，从基本原理上讲也是一种相生相克的现象，"同根生"的事物具有相似相融的性质。《诗经·伐柯》："伐柯如之何？非斧不克。"东汉·郑玄注："伐柯之道，唯斧乃能之，此以类求其类也。"同理，中医的毒药以攻毒，是因药物与病气"同气"，"气以类聚，从其类以除也"，从而达到以偏纠偏、相反相成的目的。

▲ 苍耳，有毒，但可入药

中医以毒攻毒思想肇端于《素问·六元正纪大论》"有故无殒，亦无殒"。《周慎斋遗书》解释为："盖妇人重身，有故则无损，毒药无碍也。大凡因胎而有病，安胎为主；因病而胎不安，宜治病为急，所以重身可用毒药也。"可见，只要药症相宜，即使是毒药，恰当使用也不会损伤身体。《医法圆通·用药弊端说》："病之当服，附子砒霜皆是至宝；病之不当服，参芪鹿茸枸杞皆是砒霜。"

药能中病，毒药皆圣药也；药不对症，即使性质平和亦会伤身。表明只要身体有疾病，即使在妊娠期、胎产期，也可用药治疗。强调了毒药具有相对性，用之合理则有毒可变无毒；用之不得法，无毒也可变有毒。此外，《素问·脏气法时论》"毒药攻邪"、《素问·至真要大论》"甚者从之"诸论，也为以毒攻毒法的形成与应用提供了旁证。

《神农本草经》"鬼疰蛊毒以毒药"，《伤寒杂病论》中使用乌头、附子、巴豆等剧毒中药治疗瘀、痰、奇、怪等顽症，则为以毒攻毒的具体应用。

魏晋南北朝时期出现了"以毒除毒"和"以毒灭毒"等记载。《乐婴珞庄严方便经》中有"犹为蛇所蛰，以毒灭于毒。欲亦复尔，亦以毒除毒"的论述，葛洪《肘后方》有"杀所咬犬，取脑傅之，后不复发"治疗"狂犬啮人"的治法，孙思邈用病人生疮的脓汁、血汁接种于健康人皮肤下、以防治天花的"人痘痘种接种法"等，虽未明言"以毒攻毒"，但从"防"的角度丰富了该法应用。孙思邈《银海精微》治疗眼病"突起睛高，旋螺尖起，险峻利害之症"，用"锋针针入三分，以凤屎点针口所"，言此乃"以毒攻毒"，为中医药文献记载中较早使用"以毒攻毒"者。

柳宗元《捕蛇者说》："腊之以为饵，可以已大风、挛、瘘疬，去死肌，杀三虫。"这既是对永州毒蛇治疗多种疾病功能的概括，也从一个侧面证明了以毒攻毒的应用情况。

▲ 天然砒霜

这一时期以毒攻毒法得以扩展应用，其治疗思想已有鲜明体现。而所提出的"以毒防毒"理论和"以毒攻毒"思想，扩展了该法的治病范围。

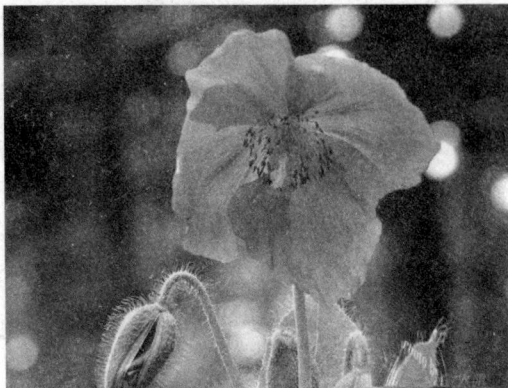
▲ 罂粟花

到了唐宋时期，以毒攻毒这种疗法已经得到了深入的发展。宋代禅师克勤《园吾佛果禅师语录》言："以言遣言，以机夺机，以毒攻毒，以用破用。"比喻用对方使用过的手段来制服对方，或以其错误克服其妄想，拓展了以毒攻毒的应用范围。

《卫济宝书》较早明确阐述了应用药物的"以毒攻毒"。其云："猛烈之疾以猛烈之药，此所谓以毒攻毒也"；"即应病服药，初进二钱，如五里进三钱，如五里进四钱，如早至晚六钱。止如此两者，亦言以毒攻毒也。"明确了以毒攻毒的应用原则，并制定了具体使用方法。

元·曾世荣《活幼口议》记载了治小儿潮热的梨浆饮，所用药物为柴胡、人参、黄芩、前胡、秦艽、甘草、青蒿各等分，入生藕、生梨各一片，薄荷二叶，生地黄一寸，同煎至半。谓此方治脾积寒热，其状如疟。认为本证乃由脾气阴阳相胜故也，其寒在先，阴盛于阳；其热在后，阳盛于阴。方后注云："梨浆饮，以毒攻毒。药以青蒿以寒御寒，其热不有，寒必无加，自然荣与卫和，阴与阳合，寒热再潮未之有也。"该方没有使用一味有毒药，但作者亦言以毒攻毒，说明以毒攻毒不一定必用毒药，用对症治疗的方法去治疗疾病，用药物的药性去治疗人体的疾病，也属以毒攻毒，这使得以毒攻毒法得以深化扩展。从"猛烈之疾以猛烈之药"的以毒攻毒，引申为用对症治疗的方法或用药物的药性去治疗疾病。

《外科精要》中的血竭膏由露蜂房、黄丹等有毒之品组成，方后注云"血竭膏，取其以毒攻毒也"；《世医得效方》中的捷效化毒散，治疗痘疮欲发未发，"以毒攻毒，纵然疮出亦少快，无恶症"等方剂的出现，使以毒攻毒从治疗思想、治疗原则层面直接过渡到临床应用。

时至明清，更是"以毒攻毒"完善细化的丰富期。

《本草纲目》记载了许多以毒攻毒的中药，如蛇角"消肿毒，解诸蛊毒，以毒攻毒也"；露蜂房"外科、齿科及他病用之者，亦皆取其以毒攻毒，兼杀虫之功耳"；乌头"开顽痰，治顽疮，以毒攻毒而已"。叶天士根据"周礼毒药以攻病，藉虫蚁血中搜逐以攻通邪结"，在治疗久痛、疟母、积聚、瘕等疑难顽症时，常用全蝎、蜂房、地龙等虫类药，对以毒攻毒法选用虫类药治疗疑难杂病提供了借鉴。

此时出现了许多以"以毒攻毒"为功效主治的方剂。陈司成《霉疮秘录》治疗霉疮核心药的方剂"生生乳"，是由砒霜、轻粉等药炼成，功能"以毒攻邪"、"治顽毒、顽癣"。陈实功《外科正宗》"蟾酥丸"使用了轻粉、雄黄、蟾酥等剧毒中药，而且以口服为主，方后注云"真有回生之功，乃恶症中至宝丹也"。顾世澄《疡医大全》神化丹，治疗一切无名肿毒，初起服之立消，"以毒攻毒，削坚导滞如神"。张锡纯"洗髓丹"内含净轻粉、净红粉、露蜂房等药物，以治"杨梅疮毒，蔓延周身，深入骨髓"。这些都是对中医学"以毒攻毒"疗法的具体应用。

在临床应用方面，以毒攻毒法应用于临床各科。

《重订通俗伤寒论》在论治风湿伤寒、关节久痛时指出："邪毒停留也，法宜以毒攻毒。"《医述》也有"以毒攻毒而发痘者，如穿山甲、人牙、蝉蜕之属是也"的记载。

陈士铎《本草新编》"贯众"条明言"此物有毒而能去毒，所谓以毒攻毒也"；认为蟾酥"去毒如神，以毒制毒也"。解释附子"以毒治毒，是附子正有毒以祛毒，非无毒以治有毒也"。至此，以毒攻毒的应用逐步走向完善细化。

综上，以毒攻毒法的发展和中医理论其他内容一样，经历了应用范围从简单到复杂、从规范到灵活、从模糊到清晰、从局部到整体的发展过程，其思想是鲜活的、向前发展的，反应了我们中医学的独特成就。近现代对于以毒攻毒的研究益发清晰，用于治疗恶性肿瘤、艾滋病、皮肤病、疡科病等颇有疗效。在现代生命科学中，以毒攻毒又是元素间的拮抗作用，通过各组分之间的拮抗作用，产生生物效应等定义，可以认为是对当今临床实践的一种概括。

西谚有云："你之毒药，他之蜜糖。"有人避之不及的，可能正好是他人甘之如饴的。所谓毒药蜜糖，真正因人而异。

吐故纳新：古代养生学的发展

长寿谁人不想，古有秦始皇海外求仙丹；今有现代医学的各种先进手段。日前，国际自然医学会在全世界范围内认定了 5 个长寿之乡，其中中国就有两处：广西巴马和新疆和田。这未尝与中国传统中医学中所提倡的养生方法没有关系。但看流传下来的成语——顺其自然、心平气和、与人为善、和气生财、礼让居先、淡泊明志、虚心实腹、适可而止、修身养性……与养生相关的就有不少。其中，"吐故纳新"是不得不说的一例。

▲ 广西巴马

故，旧的；纳，接纳，吸收。"吐故纳新"典出《庄子·刻意》："吹呴呼吸，吐故纳新。熊经鸟伸，为寿而已矣。"原意是通过这些动作和锻炼，可以使人健康长寿，是道家养生的方法之一。指吐出浊气，

▲ 新疆和田风光

吸入清气。后比喻排除旧的，吸收新的。明·凌濛初《初刻拍案惊奇》卷一七："修真炼性，吐故纳新，炼坎离以延年，煮铅汞以济物。"明·陆采《明珠记·买药》："夜夜朝朝，纳新吐故，潜收静处功夫。"

从这一个成语中我们可以初窥到中医养生的门道。事实上，中国历史上有关养生的论述不绝于书，注意吸取其精华，剔除其糟粕，对今天的保健、预防医学研究，使人们以良好的身心状态生活和工作，都有着不少积极的意义。

早在上古时代，我们的祖先便有了长寿观念，《尚书·洪范》所言"五福"中第一福是"寿"，"六极"中第一极是"凶短折"。春秋战国时期，养生学萌芽，先秦诸子著作中几乎家家都有关于健身长寿的探讨：《论语》"五不食"讲饮食保健，"三戒"讲情绪卫生；《墨子·节欲》讲去欲养生；《管子》主张存精养生；《内业篇》说："精也者，气之精者也"，"精存自生"；杨朱提出"全性保真，不以物累形"；《荀子》提倡动以养生，言"形具而神生"，"养备而动时，则天不能病"。对养生论述较详的还是《老子》、《庄子》、《吕氏春秋》和《黄帝内经》。

　　道家主张清静无为，返璞归真，故《老子》提出"静以养性"的主张："见素抱朴，少私寡欲"，"致虚极，守静笃"。《庄子·齐物论》更进一步提出"虚以养神"观点，提倡"形固可使如槁木，而心固可使如死灰"，"无视无听，抱神以静"，"纯素之道，唯神是守"，"依乎天理，因其固然"。在这种理论指导下，产生了"坐忘"、"心斋"、"听息入静"、"广成子静坐"等养性炼神静功行气术。

　　《吕氏春秋》成书于法家思想占统治地位的秦国，法家的进取精神反映在养生学中，产生了"动以养形"的理论："流水不腐，户枢不蝼，动也。形气亦然，形不动则精不流，精不流则气郁。""用其新，弃其陈，腠理遂通，精气日新。邪气尽去，及其天年。"在这种思想促动下，古老的导引术、按摩术迅速发展，由《黄

▲《吕氏春秋》封面

帝内经·素问〈异法方宜论〉》所言导引、按摩及长沙马王堆三号汉墓出土的《导引图》可推知先秦导引术、按摩术发展的盛况。

　　《黄帝内经》是我国现知最早的医学著作，也是先秦养生学的总结之作，其养生思想中贯穿了一个"和"字：

　　（1）阴阳相和。"生之本，本于阴阳。""从阴阳则生，逆之则死。"

故上古真人"把握阴阳，呼吸精气"，中古真人"和于阴阳，调于四时"，而皆能寿永。

（2）天人相和。"有圣人者，处天地之和，从八风之理"，故寿"可以百数"。"若逆春气则少阳不生，肝气内变，逆夏气则太阳不长，心气内洞；逆秋气则太阴不收，肺气焦满，逆冬气则少阴不藏，肾气独沉。"

（3）形、气、神相和。"血气已和，荣卫已通，五脏以成，神气舍心，魂魄毕具，乃成为人。"若"五脏皆虚，神气皆去"，便会"形骸独居而终矣"。故言"失神者死，得神者生。""形与气相任则寿，不相任则夭。""血气不和，百病乃变化而生。"这种理论对后代养生学产生了深远影响。

▲ 华佗五禽戏

西汉董仲舒则承先秦儒家、医家之说，以天道比附人体，主张"循天之道以养身"，强调"人理之符天道"，要"推大地之精，运阴阳之类以别顺逆之理"，顺阴阳之和"以得天地之泰。得天地泰者，其寿引而长"，实则继承了先秦的"顺天运动说"。东汉荀悦在《申鉴·俗嫌》中道："善治气者，由（犹）禹之治水也。""故君子节宣其气，勿使有所奎闭滞底（抵）。"并将导引促气血流行之理运用到行气术中，创立了引气循行体内之术："若夫导引蓄气，历藏（脏）内视，过则失中，可以治疾。"这种"历脏内视"的以意引气行气术，为唐宋内丹术大、小周天行气法开创了技术先导。东汉医家在这种顺应天道、动以养生的理论指导下，提出"四肢才觉重滞，即导引吐纳、针灸膏摩，勿令九窍闭塞"（张仲景《金匮要略·方论》），"动摇则谷气得消，血脉流通，病不得生"（华佗语，见《后汉书·方技传》）。于是，著名的程式导引术"五禽戏"应运而生，气生丹田、意引气行的炼气动气功萌芽。

到了魏晋南北朝时期，动、静养生论开始融合，既重视动以养形，又重视静以养神。西晋嵇康《养生论》曾说"导养得理以尽性命"便可久寿，应"修性以保神，安心以全身"，"清虚静泰，少私寡欲"，"泊然无感而体气和平。又呼吸吐纳，服食养身，使形神相亲，表里俱济"而达保神养形的目的，既主张清虚保神，又主张吐纳养身。在这种论说的影响下，养生术也出现合用现象。

葛洪对前代养生家们偏执一术的狭隘作法提出批评，强调"籍众术之共成"，才可"内修形神"、"外攘邪恶"，故在《抱朴子》中对汉魏以来的炼丹术、行气术、导引术、房中术以及服食、辟谷等都有总结性论述。

南朝宋、梁时期的养生学家陶弘景继承了这种传统，在《养性延命录》中辑录了"上自黄、农以来，下及魏晋之际"的养生理论和养生术，对行气、导引、炼丹、按摩等都有所研究论述。这种兼收并用的

187

传统一直被后代卓有成就的养生家所继承，隋代巢元方的《诸病源候论》、唐初孙思邈的《千金要方》，以至宋、元、明、清人的养生著作中都广收行气、导引、服食、按摩等养生术。

隋唐时期，孙思邈在嵇康论说的基础上在顺应自然、"以自然之道，养自然之身"（《千金要方·养性》）思想的指导下，对养生观中的动、静理论作了更为恰切的论述，提出"流水不腐"，养生贵在于动，但"莫大疲及强所不能堪耳"，又提出养生也要倡静，如道教"坐忘"、佛家"禅定"，但也不能"久坐久卧"，"久坐伤肉，久卧伤气"，主张起居有时，饮食有节，用"僵仰之方"（即导引）以调筋骨，"吐纳之术"以祛疾邪，"补泻之法"以通营卫，忍怒抑喜以全阴阳，服草木以救亏缺，服金丹以定无穷，"养性之理，尽于此矣"，强调动静相宜，全面养生。在这种理论带动下，隋唐养生术呈现着诸术合流的状态。如

▲ 孙思邈

《千金要方·养性》所录"天竺国按摩婆罗门法"和"老子按摩法"将导引与按摩相结合，司马承祯的"养生操"则将梳发、叩齿、行气、按摩、导引结合在一起，它们为著名程式化导引术太极拳的出现开创了建构模式。

宋初道士陈抟承魏伯阳的"归根返元"逆向演化说，刊《无极图》于华山石壁，其图"为圆者四，位五行其中，自下极上，初一曰玄北之门，次二曰炼精化气，炼气化神，次三五行定位，曰五气朝元；次四阴阳配合，曰取坎填离，最上曰炼神还

虚，复归无极"，"自下而上以明逆则成丹之法"。

《无极图》在"人体小宇宙论"基础上，奠定了内丹学"顺则生人，逆则成丹"的生命逆向演化理论框架，将"归根返元"的生命逆向演化说具体化、程序化，讲明了内丹术"炼精化炁，炼炁化神，炼神还虚"的基本步骤，成就了内丹学说的基本骨架。北宋中期人张伯端潜心于《无极图》研究，积平生所悟，于北宋神宗熙宁八年（1075）作《悟真篇》，讲明了内丹原理及其修炼方法，重申修炼精、气、神应按万物化生法则反其道而修之，说："大丹妙用法乾坤，

▲ 原始天然太极图

乾坤运兮五行分；五行顺兮常道有生有死，五行逆兮丹体常灵常存。"薛道光注曰："阳主生，阴主死，一生一死，一去一来，此常道顺理之自然者也。圣人则之，反此阴阳，逆施造化，立乾坤为鼎器，盗先天一器为丹，以丹炼形。入于无形，与道冥一，道固无极，仙岂有终？"

这种"逆则成仙不死"的归根返元学说，是建立在"天人相合"的哲学思想之上的一种生命逆向演化理论。在这些学说、理论的指导下，产生了静中有动的古代行气术结晶——内丹大、小周天行气法和动中有静的古代导引术结晶——太极拳。

太极拳是在戚继光《拳经》三十二势的基础上，结合《黄庭经》的"嘘吸庐外，出入丹田"的吐纳之法，由陈王廷创造而成的。这种

健身术以"太极动而生阳，静而生阴，静极复动，一动一静，互为其根"（周敦颐《太极图说》）的太极理论为指导，要求演练时意识、呼吸、动作三者密切结合，做到手、眼、身、步与呼吸吐纳有机统一，以追求形随意至、气选神往的高度境界。其拳势动作仿太极图呈弧形伸缩旋转，连贯而圆活，配合发自丹田的内气，以腰为轴，四肢划弧，通过旋腰转脊等弧形运动，以意导气，气贯全身，通任、督、带、冲诸脉，使内气随转膀旋腕、转膝旋蹂而达于四肢，归复丹田，成为一种动静相合、刚柔相济、虚实相间、内外俱练的导引行气相结合的健身术，亦是"运动派"和"清虚派"双重理论指导下的产物。

▲ 太极拳

一滴水反应太阳的光辉。由吐故纳新看中医养生学，可知其博大精深：长生有术，养生有道。吸取古代养生中的精华为现代所用，必有所裨益。

螟蛉之子：古代对寄生现象的认识

元代时有一部名叫《赵氏孤儿》的历史剧，据说上演时万人空巷。这部剧全名叫《赵氏孤儿冤报冤》，讲的是春秋时期晋国统治集团内部赵盾与屠岸贾两大家族之间的忠奸势不两立的斗争，故事情节悲怆、矛盾突出，流传广泛，具有一定的国际影响力。这个感人的故事就来自春秋的"螟蛉之子"。

▲《赵氏孤儿》绘图

"螟蛉之子"，或曰"螟蛉子"，即义子，俗话指干儿子、干女儿，源出《诗经·小雅·小苑》："螟蛉有子，蜾蠃负之。"螟蛉，古指"桑虫"、"桑上小青虫"；蜾蠃，古释为"蒲芦"、"土蜂"、"细腰蜂"。古人以为蜾蠃不产子，于是捕螟蛉回来当义子喂养。因此用"螟蛉"比喻义子。其实，古人的结论是有误的，螟蛉是一种绿色小虫，而蜾蠃是寄生蜂，它常捉螟蛉存放在窝里，产卵在它们身体里，卵孵化后就拿螟蛉做食物。这其实是一种寄生现象。不过，"螟蛉之子"的说法却保留了下来。

现代生物学对"螟蛉"的解释是鳞翅目昆虫的青色细小幼虫；"蜾蠃"是细腰蜂，属于细腰蜂科。而对于寄生的解释是：寄生即两种生物在一起生活，一方受益，另一方受害，后者给前者提供营养物质和居住场所。主要的寄生物有细菌、病毒、真菌和原生动物。在动物中，寄生蠕虫特别重要，而昆虫是植物的主要大寄生物。

▲ 寄生现象

从《诗经》中可以看出，早在三千多年前，古人就已经观察到"蜾蠃"有捕捉其他昆虫幼虫的习性。但是，先秦时人们并不了其解捕捉幼虫的原因，直到汉代，学者们才开始试图进行解释。扬雄在其所著《法言》中说："螟蛉之子殪而逢蜾蠃，祝之曰：类我类我，久则肖之矣。"他的意思是说，蜾蠃捕来幼小的螟蛉向它念咒："像我！像我！"叫得时间长了，螟蛉就变成了蜾蠃。当时有不少学者并不多加思考，就完全认同了扬雄的说法，并且一些人还添枝加叶，将错误继续发展。不过，也有的学者表示怀疑，他们细心观察，逐步解开了"螟蛉之子，蝎蠃负之"的秘密。

公元 6 世纪初，南北朝的名医陶弘景根据自己的观察，批驳了扬雄的错误说法。陶弘景说："（蜂）此类甚多。虽名土蜂，不就土中为窟，谓挞土作房尔。今一种黑色，腰甚细，衔泥于人室及器物边作房如并竹管者是也。其生子如粟米大。置中，乃捕取草上青蜘蛛十余枚。满中，仍塞口，以拟其子大为粮也。其一种入芦竹管者亦取草上青虫。一名蝎蠃。诗人云：'螟蛉有子，蝎蠃负之。'言细腰物无雌，皆取青虫教祝便变成己子，斯为谬矣。造诗者乃可不详，未审夫子何为因其僻耶。圣人有阙，多皆类

▲ 陶弘景

此。"根据所观察到的事实，陶弘景明确指出：把细腰蜂捕捉青虫说成是为了把青虫教化成为自己的子代，这是错误的。

五代时，后蜀国学者韩保升进一步用事实支持了陶弘景的观点。他在其所著《蜀本草》中写道：曾有人把蜂做的巢穴拆开观察，看到的情形同陶弘景所见一样。宋代，不少学者拆巢进行观察，都同意陶弘景的观点。寇宗奭细致观察到，细腰蜂是将卵产在被捕捉的青虫身上的。彭乘和范处义两人还以新发现的事实，补充陶弘景学说中不完备的地方。明代末年，皇甫访在《解颐新语》一书中指出，螟蛉虫在巢内并没有死，但也不能活动。他还仔细地观察到，如果被获物是蜘蛛的话，那么蝎蠃是将卵产在蜘蛛的腹胁的中间，它和蝇蛆在蚕身上产卵是一样的。

在陶弘景提出上述观点 1400 年后，法国著名昆虫学家费卜尔、美

国昆虫学家裴克汉对细腰蜂的生殖行为做了非常详细的研究。把他们的研究结果与陶弘景等人的发现对照来看，可知陶弘景等人对昆虫的认真观察是近代科学式的，所得的结论是完全正确的。

除了蜾蠃，中国古代也注意观察到其他的昆虫寄生现象。如两千多年前的《尔雅》一书就已提到一种寄生蝇叫"蟸"，这是古人在养蚕实践中发现的。晋代郭璞在为《尔雅》作注时说，"蟸"还有一个名字叫"蛹虫"。

▲ 寄生蝇

宋代陆佃在《埤雅》中做了清楚的解释："蟸，旧说：蝇于蚕身乳子，即茧化而成蛆，俗化蟸子，入土为蝇。"就是说，蟸这种寄生蝇在蚕身上产卵，等到蚕吐丝成茧时，蝇卵便生在蚕蛹中孵化为蝇蛆虫，俗称之为蟸子，这种蝇蛆钻进土中，不久就化为蝇。现在我们知道，古人所说的蟸虫，实际上就是多化性的蚕蛆。蝇，它的幼虫寄生于蚕体，便造成了家蚕蝇蛆病害。由此可以看出，郭璞之所以又把蟸叫做"蛹虫"，是因为这种寄生蝇是蚕的主要虫害之一，而它的幼虫（蛆）在离开蚕体之前，多半是生活在家蚕生活史中的蛹期。所以蛹虫有蛹中之虫的意思。这说明我国至迟在晋代，已知道蚕蝇蛆的寄生现象了。

历史上的"螟蛉之子"多不是色彩多么明快的故事，董卓、吕布为貂蝉反目，明武帝的127个"子"，唐中末期的宦官之义子……连《射雕英雄传》这部小说中，杨康作为完颜洪烈的义子，也是不断在亲父祖国和养父养国中挣扎不断。螟蛉之子，亲恩养恩孰重孰轻，只怕真是千古也难解得清了。

⭐ 螳螂捕蝉，黄雀在后：古代
对食物链的认识及应用

　　螳螂在中国的成语中总是以不幸的形象出现，人们嘲笑"螳臂当车"的不自量力，更可怜那只死到临头尤不知的家伙——螳螂捕蝉，黄雀在后。

Wuchubuzai De Kexue Congshu

▲ 螳螂捕蝉，黄雀在后

　　螳螂捕蝉，黄雀在后，这个成语出自《庄子·山木》："睹一蝉，方得美荫而忘其身，螳螂执翳而搏之，见得而忘其形；异鹊从而利之，见利而忘其真。"汉·韩婴《韩诗外传》："螳螂方欲食蝉，而不知黄雀在后，举其颈欲啄而食之也。"西汉刘向撰《说苑》也有记载："园中有树，其上有蝉。蝉高居悲鸣饮露，不知螳螂在其后也；螳螂委身曲附欲取蝉，而不知黄雀在其傍也；黄雀延颈要啄螳螂，而不知弹丸在其下也。此三者皆务欲得其前利，而不顾其后之有患也。"本意是螳螂正要捉蝉，不知黄雀在它后面正要吃它。后来比喻目光短浅，仅仅看见眼前的利益，而不知后患会随之而来。

从生物学的角度来说，这个成语其实反应了一条蝉——螳螂——黄雀的食物链。我国古代很早就对食物链有了认识，现代生物学的"food chain"概念最早就来源于中国古谚"大鱼吃小鱼，小鱼吃虾米"。庄子评价这种现象说："喻！物固相累，二类相召也哭。"这正是对食物链的一种哲学概括。

考古发掘中也有关于食物链的生动刻画，如云南江川滇文化墓群中出土的战国青铜臂甲上线刻着大小动物 17 个，可分两组，第一组 13 只动物，有 2 只老虎，其中一只咬着野猪，另一只扑向双鹿；一只猿正在攀树逃避；此外还刻有甲虫、鱼、虾等小动物。第二组的画面上有两只雄鸡。一只啄着一条蜥蜴，而蜥蜴旁边的蛾和甲虫，则显然是蜥蜴的食物；另一只鸡则被一只野狸咬住。在第一组刻画中，反映了老虎、野猪和鹿构成的食物链。在第二组刻画中，表现了野狸吃鸡，鸡吃蜥蜴，蜥蜴吃小虫（蛾和甲虫）的食物链。

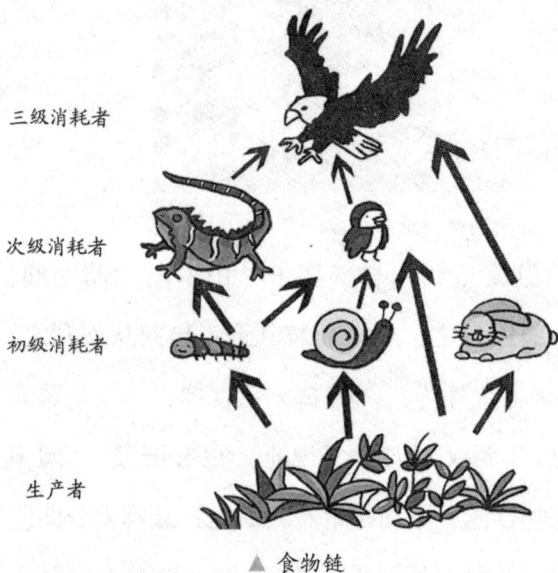

三级消耗者

次级消耗者

初级消耗者

生产者

▲ 食物链

古人在生物界中还观察到许多食物链和"两类相召"的现象。《淮南子·说林训》中有"腾蛇游雾，而殆于䗿蛆"的记载。即是说，腾蛇虽有腾云驾雾的本领，但也要败于蜈蚣（䗿蛆）。在古代可能有一种能够制服蛇的大蜈蚣，见宋代陆佃《埤雅》卷十记载："蜈蚣能制蛇，卒见大蛇，便缘而啖其脑。"古人不仅知道蜈蚣吃蛇，而且也知道蛇吃蛙。而蛙呢，又会吃蜈蚣。《关尹子》记载："䗿蛆食蛇，蛇食蛙，蛙食䗿蛆，互相食也。"《埤雅》中也有类似记述："䗿蛆搏蛇。旧说蟾蜍食䗿蛆，䗿蛆食蛇，蛇食蟾蜍，三物相制也。"这里蛙已被蟾蜍替代，但仍符合自然界的实际情况。可见，我国远在宋代之前，对蜈蚣、蛇、蛙三种在自然界里表现出来的互相竞争，互相制约的关系有深刻的了解。

另一方面，对于食物链的复杂性——一种生物可能为几种动物的食物，或者以几种动物为食也有着充分的认识。明·李时珍在《本草纲目》中说到蛇，便列举了蛇所食的一系列动物和植物，而且也指出有一系列动物是以蛇为食物的："鹳步则蛇出，鸡鸣则蛇结。鹳、鹤、鹰、鹃、鹭，皆鸟之食蛇者也；虎、猴、麂、麝、牛，皆兽之食蛇者也。蛇所食之虫，则蛙、鼠、燕、蝙蝠、鸟鹊；所食之草，则芹、茄、石南、茱萸、蛇栗等。"

受到自然界种种食物链的启发，历来以农业立国的中国人就充分运用了这个原理来进行禽、鱼类的饲养和治虫保障种植等，形形色色，丰富多彩。

早在汉代《家政法》中就有介绍人工生虫养鸡的方法："养鸡法：二月，先耕一亩作田，林粥洒之，割生茅复上，自生白虫。便买黄雌鸡十只，雄一只，于地上作屋……"这种人工生虫养鸡的方法一直在民间留传，到明代《农政全书》中更有进一步发展。

在稻田养鱼，兼有除草、除虫和肥田的作用，唐·刘询的《岭表录异》中已有详细记述。稻田养鱼在西南少数民族中祖祖辈辈相传，历史甚久。四川彭山出土的陶制水田鱼池模型则形象地塑造这种食物链的关系。稻田养鱼及人工生虫等一直沿用至今。

青蛙吃食水田多种害虫有利于水稻的生产，其起源甚早。西南少数民族出土的铜鼓上常有蛙形纹饰，是把蛙同水稻丰收联系起来。唐人诗："田家无五行，水旱卜蛙声"说是"农人占其声之早晚大小，以卜丰歉"。宋代处州和杭州的一些州官都曾明令禁止捕食青蛙。

▲ 青蛙

稻田养鸭在历史上作为抑制蝗虫、蜡蟆等害虫的有效措施。据记载，一只鸭的食蝗能力超过一个劳动力的捕蝗数，如果一夫"挑鸭一笼"则"可当四十夫"的效率。此外，还有利用蚂蚁治虫，保护柑橘生产等。至于南方的养鱼，徐光启在《农政全书》中也说："作羊圈于塘岸上、安羊，每天早扫其粪于塘中，以饲草鱼，而草鱼之粪又可以饲鳞鱼。"由此可见，古人在认识理解食物链的基础上，利用它创造了不小的价值成就。

螳螂捕蝉，黄雀在后，一条一条的食物链错综复杂，构成了庞大的生态网络，继而支撑了整个生物圈，在其中遵守着大自然严酷的规律和守则。

参 考 文 献

1. 《成语大词典》编委会编. 成语大词典. 北京：商务印书馆，2004 年版

2. 章俗、谷超主编. 成语典故源流故事赏析. 北京：教育科学出版社，1990 年 6 月版

3. 王成纲主编. 细说成语典故. 北京：九州出版社，2006 年 2 月版

4. 郑万泽主编. 成语分类多用词典. 上海：上海教育出版社，2000 年 7 月版

5. 戴吾三著. 成语中的古代科技. 北京：百花文艺出版社，2003 年版

6. 戴吾三著. 解开成语中的科学密码——70 则有趣的科学知识. 台北：三言社版，2003 年 11 月版

7. 李政道主编. 科学与艺术. 上海：上海科学技术出版社，2000 年版

8. 刘敦桢著. 中国古代建筑史. 北京：中国建筑工业出版社，1984 年版

9. 梁思成著. 《营造法式》注释. 清华大学影印本

10. 《四库全书》文渊阁版，清华大学电子文献

11. 英·李约瑟著. 中国科学技术史. 北京：科学出版社，2008 年版

12. Florian Cajori 著，戴念祖译. 物理学史. 呼和浩特：内蒙古人民出版社，1981 年版

13. 李经纬、李志东著. 中国古代医学史略. 石家庄：河北科学技

术出版社，1990年版

14. 李英. 古代颜色观的发展——《说文》系部颜色字考. 南华大学学报，2002年9月：70~71

15. 胡化凯. 五行说与中国对色散现象的认识. 科学技术与辩证法，1994年第3期

16. 关增建. 中国古代对光的性质的认识. 上海交通大学学报（社科版），2002年第1期：20~22

17. 于兴旺等. 珠宝、珠宝——珠宝首饰鉴赏. 北京：蓝天出版社，1993版

18. 蓝勇. 中国古代栈道的类型及其兴废. 自然科学史研究，1992年第11卷第1期：69~72

19. 孙谊，于智敏. "以毒攻毒"探源. 中国中医基础医学杂志，2008年第14卷：584~585

20. 郑杰文. 中国古代养生观说略. 文史哲，1992年第2期：19~22